FORSCHUNGSBERICHTE DES LANDES NORDRHEIN-WESTFALEN

Nr. 2296

Herausgegeben im Auftrage des Ministerpräsidenten Heinz Kühn
vom Minister für Wissenschaft und Forschung Johannes Rau

Prof. Dr. -Ing. Dres. h. c. Herwart Opitz
Dr. -Ing. Wilfried Olbrich
Dr. -Ing. Gerhard Steinmetz

Laboratorium für Werkzeugmaschinen und Betriebslehre
der Rhein. -Westf. Techn. Hochschule Aachen

Automatische Arbeitsplanerstellung

Springer Fachmedien Wiesbaden GmbH 1972

ISBN 978-3-531-02296-3 ISBN 978-3-322-88574-6 (eBook)
DOI 10.1007/978-3-322-88574-6

Ursprünglich erschienen bei Westdeutscher Verlag, Opladen 1972

INHALT

1. Einleitung

Mit der Entwicklung automatisierter Fertigungsanlagen - auch für die ständig wechselnden Aufgaben der Einzel- und Kleinserienfertigung - und der Einführung elektronischer Datenverarbeitungsanlagen wurden die technischen Voraussetzungen geschaffen, die industrielle Produktion rationell zu gestalten [1, 2, 3] .

Für die Fertigung steht heute ein differenziertes Angebot leistungsfähiger Produktionsanlagen und -mittel zur Verfügung, so daß den verschiedensten Fertigungsaufgaben die jeweils technisch und wirtschaftlich günstigsten Leistungsorgane zugeordnet werden können.

Die wirtschaftliche Nutzung der damit gegebenen technischen Möglichkeiten ist in besonderem Maße vom Leistungsniveau der Planung und Vorbereitung in den der Fertigung vorgelagerten Bereichen - speziell der Arbeitsvorbereitung - abhängig [4] . Hier sind die spezifischen Forderungen des Marktes in Verbindung mit den Zielen und Plänen des Unternehmens in konkrete Durchführungsanweisungen für die Fertigung umzusetzen.

Diese Aufgabe wird mit den Veränderungen durch den technischen Fortschritt und die langfristige Marktentwicklung immer schwieriger und gleichzeitig immer wichtiger (Bild 1).

Dadurch sind die Produktionsbereiche Konstruktion und Arbeitsvorbereitung insbesondere in der Einzel- und Kleinserienfertigung in den letzten Jahren zunehmend zum Engpaß im Produktionsprozeß geworden.

Die schnell wechselnden Technologien und Verfahren, die neuen Planungsmethoden und -techniken müssen von der Arbeitsvorbereitung kurzfristig beherrscht und eingeführt werden. Aufgabenverlagerungen aus der Fertigung in die Arbeitsvorbereitung, wie

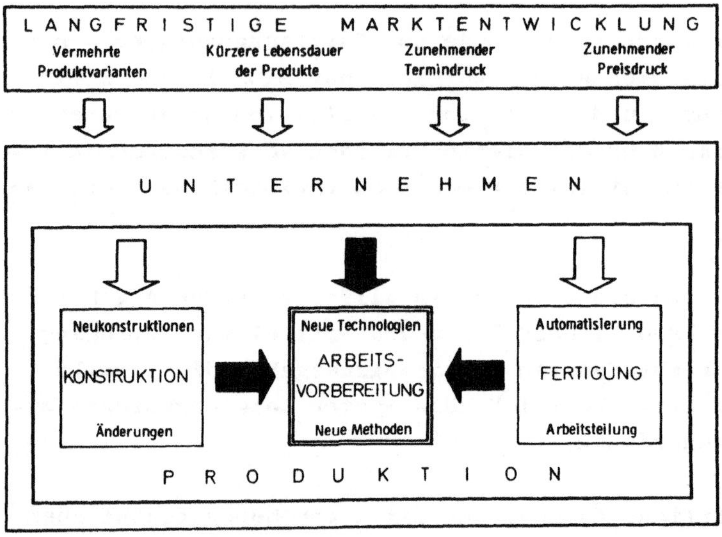

Bild 1: Einfluß langfristiger Marktentwicklung und des technischen Fortschritts auf die Arbeitsvorbereitung

sie z.B. bei der Programmierung von numerisch gesteuerten Werkzeugmaschinen notwendig werden, kommen als weitere Aufgaben hinzu [5] . Der Umfang und die Vielfalt der in der Arbeitsvorbereitung zu verarbeitenden Daten und die verlangte Qualität und Aktualität der zu erstellenden Informationen nimmt also ständig zu. Automatisierungs- und Rationalisierungsmaßnahmen müssen sich deshalb insbesondere auf diesen Bereich konzentrieren.

Während für die Steuerungsaufgaben der Arbeitsvorbereitung, wie z.B. die Terminplanung und die Fertigungssteuerung, elektronische Datenverarbeitungsanlagen (EDVA) bereits vielfach eingesetzt werden [6, 7, 8] , ist für die Aufgaben der technischen Fertigungsvorbereitung, d.h. der Umsetzung von Konstruktionsdaten in detaillierte Fertigungsanweisungen und -unterlagen, der

Einsatz des Rechners gegenwärtig noch begrenzt. Der Grund ist in dem Mangel an geeigneten Programmen und Programmsystemen für diese komplexen Problemstellungen zu sehen.

Der Informationsverarbeitungsprozeß zur Erstellung der gesamten Fertigungsinformationen, der als Arbeitsplanerstellung bezeichnet werden soll, ist besonders für die Einzel- und Kleinserienfertigung mit ihrer großen Anzahl ständig neu zu erstellender Arbeitspläne von besonderer Bedeutung. Durch den Einsatz elektronischer Datenverarbeitungsanlagen, die große Informationsmengen speichern und schnell verarbeiten können, besteht die Möglichkeit, die Arbeitsplanerstellung grundlegend zu rationalisieren.

1.1 Situation der Arbeitsplanerstellung im Unternehmen

Im Produktionsprozeß industrieller Unternehmen hat die Arbeitsvorbereitung die Aufgabe, ausgehend von den in der Konstruktion entwickelten Zeichnungen und Stücklisten und den Auftragsstückzahlen, die Fertigungsunterlagen und -anweisungen auszuarbeiten, nach denen die Herstellung der Produkte in der Fertigung optimal und reibungslos erfolgen kann.

Bei der Lösung dieser Aufgabe, der Arbeitsplanerstellung (Bild 2), ist für jedes Werkstück das Ausgangsmaterial und der Arbeits-

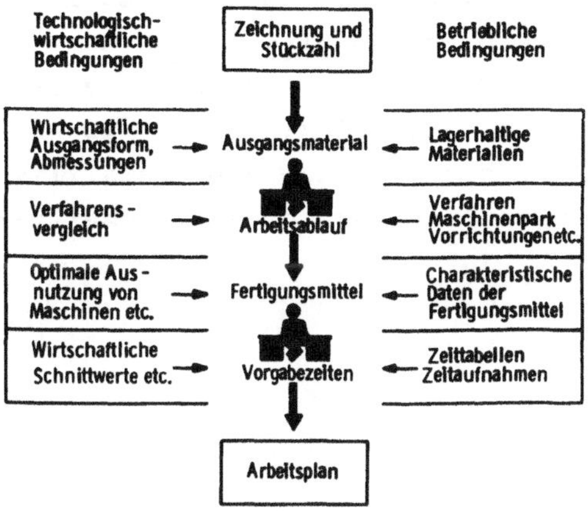

Bild 2: Vorgang der Arbeitsplanerstellung

ablauf zu planen. Darüber hinaus müssen je Arbeitsvorgang die einzusetzenden Fertigungsmittel bestimmt und die Vorgabezeiten errechnet werden.

Bei diesem Planungsprozeß sind zum einen die durch den Betrieb vorgegebenen Produktionsbedingungen, wie lagerhaltig geführte Materialien, vorhandener Maschinenpark, Vorrichtungen etc., die zur Verfügung stehenden Planungsmethoden und -unterlagen, wie z.B. Zeit- und Schnittwerttabellen und die allgemeinen Produktionsvorschriften, zu berücksichtigen. Zum anderen wird verlangt, die vorhandenen Produktionsmittel optimal einzusetzen, um eine größtmögliche Rentabilität zu erzielen. Unter Berücksichtigung technologisch-wirtschaftlicher Bedingungen sind dabei, neben der Bestimmung des optimalen Ausgangsmaterials und des wirtschaftlichsten Fertigungsverfahrens, die Maschinen möglichst gut auszunutzen und die Bearbeitungsbedingungen der jeweiligen Bearbeitungsaufgabe anzupassen.

Wegen der Vielzahl der zu berücksichtigenden Einflußgrößen und umzusetzenden Daten ist diese Aufgabe nur mit geeigneten Planungsmethoden und -unterlagen sowie hochqualifiziertem Personal zu bewältigen. In der Regel kann keine dieser Bedingungen im Unternehmen ausreichend erfüllt werden, was zu Arbeitsplänen geringer Qualität und Aktualität und wegen des großen Zeitaufwandes zu Engpässen in der Arbeitsvorbereitung führt.

Die Planungsmethoden, die üblicherweise bei der konventionellen Arbeitsplanerstellung in der Einzel- und Kleinserienfertigung angewendet werden, lassen sich aus Bild 3, das zusammenfassend das Ergebnis einer Befragung in 12 Unternehmen veranschaulicht, erkennen [9] . Die Planung nach Erfahrung und die Ähnlichkeitsplanung nehmen einen breiten Raum ein. Detailliertere Planungsmethoden stehen eigentlich nur zur Vorgabezeitberechnung zur Verfügung.

lfd. Nr.	Aufgabe / Methode	Häufigkeit der Anwendung		
		ja	nein	teilweise
1.	Rohmaßbestimmung			
1.1	Auswahl aus Lagerkatalog	10		2
1.2	Berechnung von Zugaben	10	1	1
2.	Arbeitsvorgangsfolgeermittlg.			
2.1	Planung nach Erfahrung	10	1	1
2.2	Ähnlichkeitsplanung	8	1	3
2.3	Verfahrensvergleich	5	2	4
2.4	Planung nach Richtlinien	2	8	1
3.	Maschinenzuordnung			
3.1	Techn. Kriterien	10		2
3.2	Kapazitätsauslastung		10	2
4.	Zeitermittlung			
4.1	Plan ung nach Erfahrung	9	3	
4.2	Ähnlichkeitsplanung	10	1	1
4.3	Nach t_n, t_h getrennt	10	2	
4.3.1	Hauptzeit: Erfahrung	6	3	1
4.3.2	Hauptzeit: Tabellen	10		
4.3.3	Nebenzeit: Erfahrung	5	2	3
4.3.4	Nebenzeit: Zeitaufnahme	6	3	1
4.3.5	Nebenzeit: Tabelle	9	1	
5.	Vorrichtungen			
5.1	Überprüfung vorhabender Vorrichtungen	10	2	
5.2	Wirtschaftlichk.-Rechnung bei Überprüfung	4	6	2
5.3	Wirtschaftlichk.-Rechnung bei Neuaufgabe	5	5	2

Bild 3: Methoden bei der konventionellen Arbeitsplanerstellung in der Einzel- und Kleinserienfertigung

Die Genauigkeit und der Zeitaufwand bei der konventionellen Planung werden in der Regel von zwei Faktoren abhängig gemacht, dem Wert des Werkstücks oder des verwendeten Betriebsmittels und der zu fertigenden Stückzahl.

Den Arbeitsplanerstellungsaufwand für unterschiedliche Stückzahlen zeigen die Bilder 4 und 5 anhand von Daten, die aus einer Erfassung in mehreren Industrieunternehmen resultieren. Dabei wurden der Zeitbedarf zur Arbeitsplanerstellung, die zugehörige Fertigungszeit je Stück und der Anteil der Planungszeit an der Fertigungszeit des Loses für ein Werkstück ermittelt.

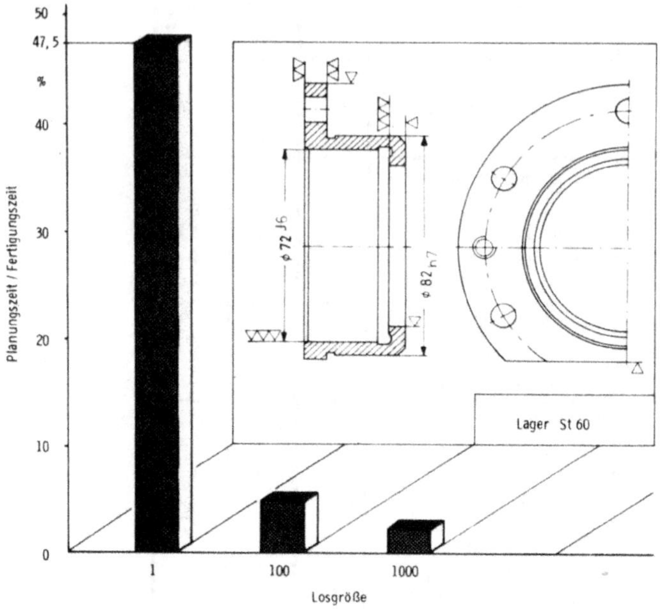

Bild 4: Arbeitsplanerstellungszeit bezogen auf die Fertigungszeit eines Loses bei verschiedenen Losgrößen

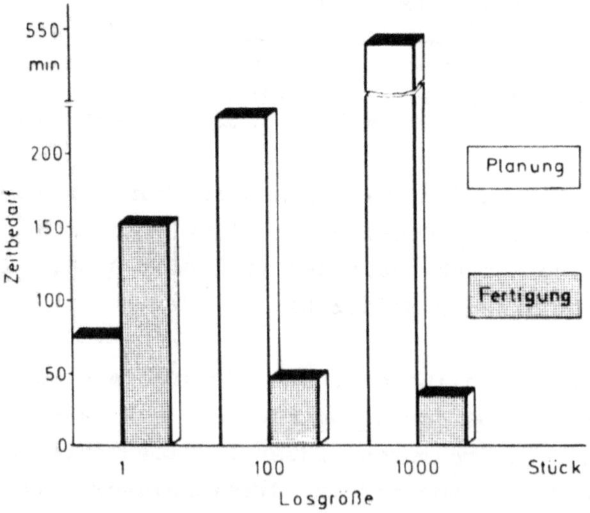

Bild 5: Zeitbedarf zur Arbeitsplanerstellung und zugehörige Fertigungszeit je Stück bei verschiedenen Losgrößen

Es ist festzustellen, daß die Planungszeit in der Kleinserienfertigung besonders hoch gegenüber der Fertigungszeit ist. So ist bei der Losgröße 1 ein Planungsanteil von 47,5 % zu verzeichnen. Bei größeren Losen geht der Anteil der Planungszeit stark zurück, bei der Losgröße 1000 beträgt er schließlich nur noch ca. 3 %.

Daraus ist die Forderung abzuleiten, daß gerade in der Kleinserienfertigung eine Rationalisierung durch Einführung der automatischen Arbeitsplanerstellung notwendig ist.

Die Aufteilung der Arbeitsplanerstellungszeit in Zeitanteile zur Ermittlung einzelner Arbeitsplandaten (Bild 6) zeigt, daß die Arbeitsvorgangsfolgeermittlung und die Vorgabezeitermittlung den größten Anteil an der Gesamtzeit (ca. 80 %) ausmachen.

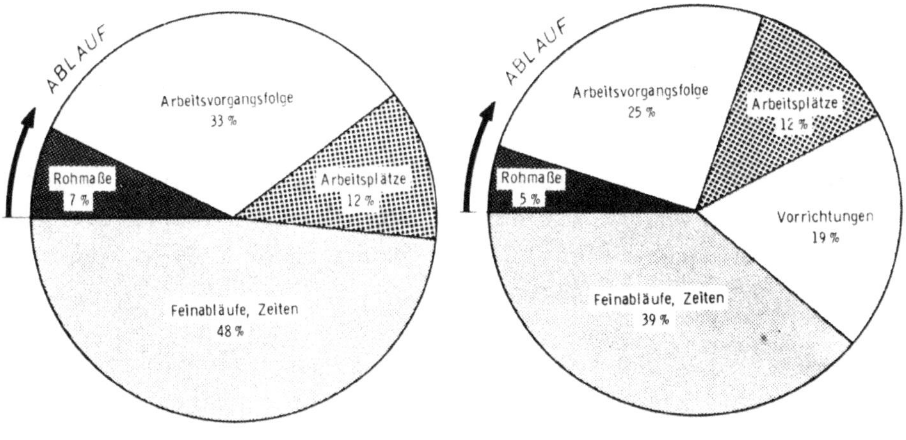

ohne Vorrichtungsermittlung | mit Vorrichtungsermittlung

Bild 6: Zeitverteilung bei der Ermittlung der Arbeitsplandaten

Bei Rationalisierungsmaßnahmen muß deshalb diesen Daten besondere Beachtung geschenkt werden. Bei der Lösung einzelner Teilaufgaben im Rahmen der Arbeitsplanerstellung, wie z.B. der Zeitermittlung, muß allerdings beachtet werden, daß der Aufwand zur Eingabe der für die Berechnung notwendigen Angaben sehr groß werden kann. Generell ist deshalb die Erstellung aller Arbeitsplandaten in einem integrierten Verarbeitungsprozeß anzustreben.

Die Untersuchungsergebnisse lassen erkennen, daß die Arbeitsplanerstellung in den Unternehmen aufgrund des Personalmangels, der fehlenden Planungsmethoden und des Zeitdrucks in der Regel nicht mit genügender Genauigkeit und optimalem Ergebnis durchgeführt werden kann. Es entstehen ungenaue, unterschiedliche und veraltete Arbeitspläne, deren Mängel sich in den nachgeschalteten Bereichen nachteilig auswirken.

In der Fertigung entstehen hohe Fertigungskosten und Zeitbelastungen, wenn die Fertigungsmethoden und -mittel nicht optimal bestimmt sind.

Durch fehlende, nicht genügend detaillierte oder ungleichmäßige Arbeitsinformationen (Arbeitsunterweisungen) steigen Ausschuß- und Nacharbeitsquoten. Die Arbeitsleistung der Mitarbeiter in der Fertigung ist in erheblichem Maße von guten Arbeitsunterlagen abhängig.

Bei der Termin- und Kapazitätsplanung, der Material- und Betriebsmitteldisposition wird durch Fehler oder fehlende Arbeitsplandaten der reibungslose Fertigungsablauf gestört.

Die Kalkulation auf der Basis falscher oder nicht optimaler Arbeitspläne führt zu verfälschten oder zu hohen Fertigungskosten und Produktpreisen.

Neben den Auswirkungen auf die Bereiche, die bei der Auftragsabwicklung der Arbeitsvorbereitung nachgeschaltet sind, müssen weitere Aspekte im Zusammenhang mit der Arbeitsplanerstellung berücksichtigt werden.

Für langfristige Planungsaufgaben, wie beispielsweise die Fabrik-, Betriebsmittel- oder Personalplanung, muß auf Arbeitsplaninformationen zurückgegriffen werden, Die Aussagegenauigkeit der ermittelten Planungswerte ist somit durch die Genauigkeit der Arbeitspläne beeinflußt.

Vielfach wird die Arbeitsvorbereitung ihren Koordinationsaufgaben zwischen den einzelnen Betriebsabteilungen nicht gerecht. Es sei hier nur auf die Konstruktion und die Angebotsplanung hingewiesen. Eine Beratung der Konstruktion über die fertigungsgerechte Gestaltung der Produkte ist in der Einzel- und Kleinserienfertigung aus Zeitmangel häufig nicht möglich (Bild 7).

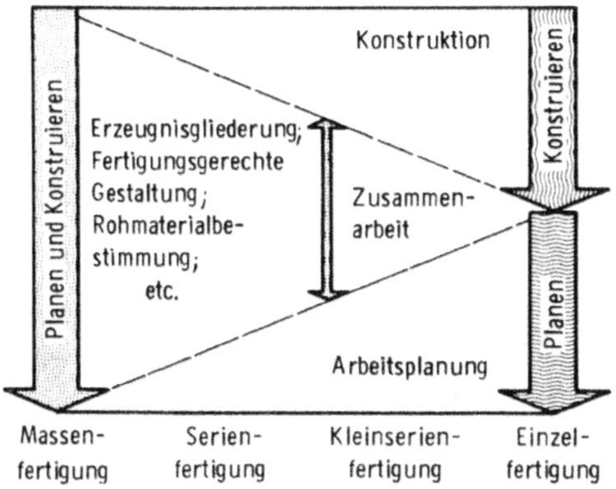

Bild 7: Koordination der Aufgaben von Konstruktion und Arbeitsvorbereitung

Eine Dokumentation der Fertigungsmöglichkeiten und eine schnelle Informationsmöglichkeit fehlt in der Regel ebenfalls.

Die Angebotsabteilungen sind häufig darauf angewiesen, die Angebotskalkulation aufgrund von groben Schätzwerten durchzuführen, da eine schnelle und genaue Vorkalkulation in der Arbeitsvorbereitung nicht durchgeführt werden kann.

1.2 Zielsetzung der Forschungsarbeit

Ausgehend von dieser Situation in den Unternehmen wird deutlich, daß mit der Erstellung von Arbeitsplänen mit EDVA weitreichende Rationalisierungen ermöglicht werden. Zur Verwirklichung dieses Zieles sind zunächst die Anforderungen an die Arbeitsplanerstellung zu definieren und die Voraussetzungen zu untersuchen. Die Berücksichtigung der aufgezeigten Problemkreise mit Aufgaben in verschiedenen Bereichen macht eine funktionale Betrachtung der Arbeitsplanerstellung im integrierten Informationssystem des Unternehmens notwendig.

Als Forderungen an die automatische Arbeitsplanerstellung bzw. an ein integriertes APE-System werden die nachfolgenden Kriterien gestellt.

1) Zeitverkürzung für die Erstellung der Arbeitspläne.
   Die große Zahl von Arbeitsplänen, die aufgrund von Neukonstruktionen, technischen Verbesserungen und Änderungen ständig in der Arbeitsvorbereitung zu erstellen ist, kann schnell bewältigt werden.

2. Verringerung der Personalkosten.
   Hochqualifizierte Mitarbeiter werden von Routinearbeiten entlastet und für schöpferische Tätigkeiten, z.B. Verbesserungen bestehender oder Entwicklung neuer Verfahren, freigestellt.

3) Erhöhung der Datengenauigkeit.
Die Durchführung von Verfahrensvergleichen, die Berücksichtigung der Losgrößenabhängigkeit und des Lerngesetzes, die Ausschaltung individueller Abweichungen etc. erhöhen die Genauigkeit der Fertigungsunterlagen auf das erforderliche Maß. Eine Auswertung der Rückmeldungen ermöglicht die sukzessive Verbesserung der Planungsdaten des Programmes. Fehler werden mehr und mehr ausgeschaltet.

4) Aktualität der Arbeitspläne

Die automatische Arbeitsplanerstellung (Generierung) ermöglicht die Neuerstellung des Arbeitsplanes bei jeder Neuauflage des Produktes. Dadurch wird automatisch ein aktueller Stand erreicht. Werden parallel dazu Arbeitspläne gespeichert, so kann mit dem Generierungsprogramm in regelmäßigen Zeitabständen eine Neuberechnung erfolgen.

Manuell ist das aus Zeit- und Kostengründen nicht vertretbar. Die Folgen sind u.a., daß die Fertigung nach Arbeitsplänen mit falschen Stückzahlen arbeitet und die Zuordnung jeweils auf die bestgeeignete Maschine nicht gewährleistet ist.

5) Informationsmöglichkeit und Dokumentation.
Der Informationswunsch ist zu Beginn einer Aufgabe am größten. Durch die automatische Arbeitsplanerstellung erhält z.B. die Konstruktion die Möglichkeit, sich schnell über die Fertigungsgerechtheit ihrer Lösungen zu informieren, indem sie sich die Arbeitspläne für ihre Entwürfe ausgeben läßt. Alle getroffenen Entscheidungen können automatisch begründet und dokumentiert werden.

6) Verbesserungen in anderen Betriebsbereichen.
Durch die Erhöhung der Genauigkeit und Aktualität der Daten im Arbeitsplan ergeben sich weitreichende positive Auwirkungen auf alle Bereiche, die mit maschinell ermittelten Arbeitsplandaten arbeiten. Vor allem die Materialplanung, die Terminplanung, die Lohnabrechnung, die Kostenrechnung, die Werkzeug- und Vorrichtungsorganisation und die Investitionsplanung profitieren davon.

2. Voraussetzungen zur automatischen Arbeitsplanerstellung

Die automatische Arbeitsplanerstellung setzt eine EDV-gerechte Eingabe, Verarbeitung und Ausgabe der Daten voraus. Bei der Eingabe sind bereits alle für die Verarbeitung erforderlichen Angaben zu machen. Beispielsweise müssen bei Werkstücken die Form, die Abmessungen, der Werkstoff etc. beschrieben werden.

2.1 Datenerfassung

Die Datenerfassung erfolgt unter dem Gesichtspunkt, eine möglichst große Anzahl qualitativ guter Daten und Werte zu beschaffen und diese für die verschiedensten Auswertungen bereitzustellen.

2.1.1 Abgrenzung der Eingabeinformationen

Die Eingabeinformationen zur Arbeitsplanerstellung lassen sich im Detail nicht ohne Berücksichtigung der gewählten Programmlösung festlegen, trotzdem soll eine generelle Abgrenzung der Eingabedaten erfolgen.

Die Zeichnung als Konstruktionsdatenträger im Unternehmen enthält die technischen Informationen über das Produkt, wie Werkstoff, Form, Maße, Toleranzen, Genauigkeiten, Warmbehandlungsangaben etc.

Die zu fertigenden Stückzahlen resultieren bei einer Programmfertigung aus dem Produktionsprogramm, bei einer Auftragsfertigung aus den Auftragsstückzahlen. Nach der Stücklistenauflösung liegt der gesamte Bedarf gleicher Teile vor. Für die Arbeitsplanerstellung sind neben der Losgröße oder Stückzahl Angaben über die Gesamtfertigungsstückzahl bzw. die Wiederholchance von Bedeutung, da insbesondere die Fertigungsmittel, wie

Vorrichtungen und Sonderwerkzeuge, danach ausgelegt werden müssen. Hieraus wird bereits deutlich, daß die Eingabeinformationen zwar optimal weiterverarbeitet werden können, ein Einfluß auf vorhergehende Verarbeitungsprozesse, z.B. die Konstruktion, zu diesem Zeitpunkt jedoch nicht mehr möglich ist.

Die Konstruktion schafft bei der Entwicklung und Gestaltung der Produkte die grundlegenden Voraussetzungen für kostenoptimale Erzeugnisse. Deshalb muß der Konstrukteur, wenn er die Lösung in Form der technischen Zeichnung dokumentiert, neben der Verwirklichung der Funktionsfähigkeit und der geometrischen Verträglichkeit die werkstoff- und fertigungsgerechte Gestaltung beachten. Die Auswirkungen der Konstruktion auf die Arbeitsplanerstellung können sehr unterschiedlich sein, je nachdem ob die konstruktive Entwicklung und Gestaltung vorwiegend funktionsorientiert oder vorwiegend fertigungsorientiert erfolgt (Bild 8). Die funktionsorientierte Konstruktion betrach-

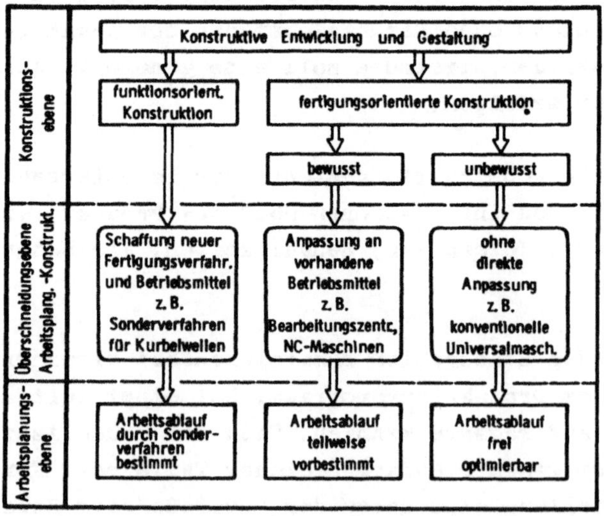

Bild 8: Auswirkung der Konstruktionsart auf die Arbeitsplanerstellung

tet nur die Funktionsfähigkeit; dadurch kann die Entwicklung neuer Fertigungsverfahren oder die Investition neuer Betriebsmittel erforderlich werden. Im Gegensatz dazu steht die fertigungsorientierte Konstruktion, bei der der Konstrukteur die fertigungstechnischen Belange ständig berücksichtigt. Bei einfachen Werkstücken erfolgt diese Berücksichtigung unbewußt, d.h. der Konstrukteur weiß aus Erfahrung, daß das betreffende Werkstück gefertigt werden kann. Das "Wie" überläßt er der Arbeitsplanung, die den Arbeitsablauf optimiert. Dagegen wird besonders bei komplizierten, vielgestaltigen Werkstücken aufgrund technologischer Bedingungen bewußt für ein Fertigungsverfahren oder Fertigungsmittel konstruiert. Bei dieser Vorgehensweise greift der Konstrukteur der Arbeitsplanung vor.

Für die Arbeitsvorbereitung ergibt sich durch diese Zusammenhänge die Aufgabe, bereits bei der konstruktiven Gestaltung der Erzeugnisse mitzuarbeiten. Diese Mitarbeit ist in der Serien- und Massenfertigung allgemein gegeben, in der Einzel- und Kleinserienfertigung ist wegen der Einmaligkeit der Aufgabe und des Termindrucks eine Abstimmung häufig nicht möglich.

Hier muß der Konstruktion die Möglichkeit schneller Information geboten werden. Durch eine automatische Arbeitsplanerstellung kann der Konstruktion eine umfassende Dokumentation und Information zur Verfügung gestellt werden. Voraussetzung ist, daß die Verarbeitungsprogramme darauf abgestimmt sind. Das betrifft insbesondere die Rohmaterialbestimmung, die durch die Werkstoffwahl und die Formgebung von der Konstruktion stark beeinflußt wird.

Von Einfluß auf die Eingabeinformationen und die Verarbeitungslogik bei der automatischen Arbeitsplanerstellung sind vor allem 4 Problemkreise:

- Materialauswahl
- Ermittlung des Arbeitsablaufes
- Maschinenzuordnung
- Vorgabezeitermittlung

Voraussetzung ist es, diese 4 Problemkreise detailliert zu untersuchen und Lösungsmöglichkeiten zu erarbeiten.

Aufbauend auf diesen Teillösungen ist es möglich, ein System zur automatischen Arbeitsplanerstellung zu erstellen und die erforderlichen Eingabedaten und zweckmäßigen Beschreibungsformen anzugeben.

Die Erarbeitung von Lösungen setzt den Rückgriff auf Planungsentscheidungen und Planungsdaten voraus.

2.2 Materialauswahl

Die Bestimmung des Rohmaterials ist primär durch die Interessen der Betriebsbereiche Konstruktion, Fertigung, Lagerhaltung und Einkauf beeinflußt (Bild 9).

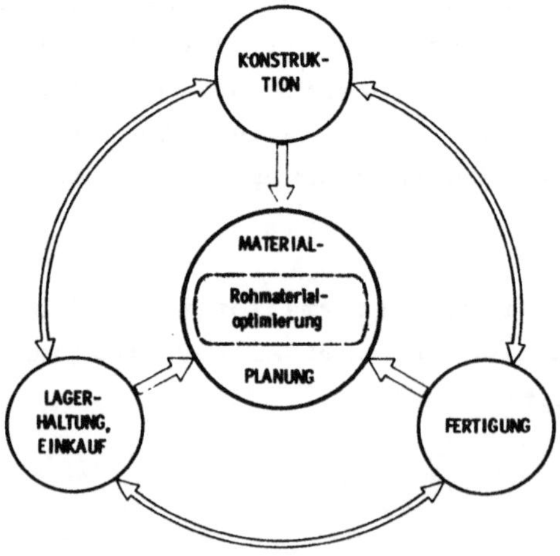

Bild 9: Betriebliche Einflußbereiche auf die Rohmaterialoptimierung

Die Konstruktion strebt eine Lösung an, die die Funktionen eines Bauteiles am besten erfüllt. Die Fertigung erwartet eine fertigungsgerechte Konstruktion, die z.B. die gute Zerspanbarkeit der Werkstoffe, die unkomplizierte Lage der Bearbeitungsflächen und geringes Zerspanvolumen berücksichtigt. Lagerhaltung und Einkauf wünschen dagegen eine möglichst geringe Vielfalt an Materialien in bezug auf Werkstoffe, Rohformen und Abmessungen, um einerseits Lagerbestand und Lagerkosten so gering wie möglich zu halten und andererseits durch größere Abnahmemengen einen günstigen Materialpreis zu erzielen.

2.3 Ermittlung des Arbeitsablaufes

Unter Arbeitsablauf wird im organisatorischen Sinn die Festlegung und das zeitliche und örtliche Hinter- und Nebeneinander der zur Erzielung eines bestimmten Arbeitsergebnisses auszuführenden Arbeitsvorgänge verstanden. Der organisatorische Arbeitsablauf umfaßt also alles, <u>was</u> zu tun ist, in welcher <u>Reihenfolge</u> und <u>wo</u> - in welcher Abteilung - es zu tun ist. Betrachtet man lediglich das Hinter- und Nebeneinander der Arbeitsvorgänge, so kann der Arbeitsablauf auch als Arbeitsfolge bezeichnet werden.

Im arbeitstechnischen Sinn wird unter Arbeitsablauf die Art und Weise der Ausführung der einzelnen Arbeitsvorgänge, also die Arbeitsform oder das Arbeitsgeschehen erfaßt. Hier geht es also nicht nur um die Frage, was zu tun ist, sondern auch darum, wie es zu tun ist, d.h. letztlich um die Arbeitsmethode.

Mit dem Begriff Arbeitsvorgang wird diejenige Arbeit bezeichnet, die im Rahmen eines organisatorischen Arbeitsablaufes jeweils von einem Arbeiter oder einer Arbeitergruppe zusammenhängend an einer Maschine bzw. einem Arbeitsplatz auszuführen ist.

Liegt für die Erzielung eines bestimmten Arbeitsergebnisses keinerlei Arbeitsteilung vor, so deckt sich der Begriff des organisatorischen Arbeitsablaufes mit dem Begriff des Arbeitsvorganges. Wird ein Arbeitsvorgang zur näheren Kennzeichnung seines Arbeitsinhaltes oder seines Zeitbedarfs unterteilt dargestellt, so werden die einzelnen Teile mit Teilvorgang bezeichnet. Der Begriff Teilvorgang sagt jedoch nichts über den Grad der Unterteilung eines Arbeitsvorganges aus. Der Grad der Unterteilung kann je nach dem vorliegenden Zweck verschieden gewählt werden. Zu berücksichtigen ist, daß es auch Arbeitsvorgänge gibt, die sich in der Ausführung nicht unterteilen lassen, wie z.B. das Schaufeln von Sand.

Wird ein Arbeitsvorgang zur Kennzeichnung seines Arbeitsinhaltes oder seines Zeitbedarfes in solche Teilvorgänge unterteilt, die jeweils in sich abgeschlossene Vorrichtungen oder Überwachungen darstellen, die sich in der Ausführung nicht mehr teilen lassen, so kann man diese Arbeitsvorgänge mit Arbeitsstufen bezeichnen. Der Unterteilung eines Arbeitsvorganges in Arbeitsstufen entspricht ein ganz bestimmter Grad der Unterteilung. Beispiele für Arbeitsstufen: Werkstück hernehmen und in Vorrichtung einspannen; Briefbogen, Durchschlag- und Kohlepapier hernehmen, zusammenlegen und in Schreibmaschine einspannen.

Unterteilt man einen Arbeitsvorgang, einen Teilvorgang oder eine Arbeitsstufe zur Kennzeichnung des Arbeitsinhaltes oder des Zeitbedarfes in einzelne Teilvorgänge, da sie als Teile von Arbeitsstufen zwar nicht isoliert ausgeführt, wohl aber unterteilt beschrieben und mit Hilfe besonderer Verfahren auch zeitlich gemessen werden können, so entstehen Arbeitselemente. Arbeitselemente können also weder in der Ausführung noch in der beschreibenden oder zeitlichen Erfassung weiter unterteilt werden. Beispiele für Arbeitselemente: Hinlangen zum Werkstück, Werkstück greifen, Werkstück zur Vorrichtung bewegen oder Meßinstrument ins Auge fassen, Zeigerstellung wahrnehmen, Meßzahl eintragen usw..

Zur besseren Charakterisierung von Arbeitsvorgang und Arbeitsvorgangsfolge im Arbeitsplan müssen die verschiedenen Zustände eines Werkstückes in die Betrachtungen einbezogen werden.

Der Zustand eines festen Körpers wird durch seine geometrische Form und seine Stoffeigenschaften beschrieben.

Die Fertigung hat die Aufgabe, einen Stoff oder Körper durch schrittweises Verändern der Form und/oder der Stoffeigenschaften von einem Rohzustand in einen Fertigzustand zu überführen. Den einzelnen Schritt nennt man Arbeitsvorgang, die Reihenfolge der Schritte Arbeitsvorgangsfolge.

Ein Arbeitsvorgang ist im Arbeitsplan immer mit der Angabe des ausführenden Arbeitsplatzes, z.B. eine Maschine, verbunden. Die Arbeitsvorgangsfolge entspricht dann der Folge der Arbeitsplätze.

2.4 Fertigungsmittelzuordnung

Im Arbeitsplan muß für jeden Arbeitsvorgang der Arbeitsplatz bzw. die Maschine angegeben werden, an der die Bearbeitung auszuführen ist. Die Zuordnung des Werkstückes zur Maschine erfolgt unter 2 Gesichtspunkten. Einmal muß eine im Betrieb vorhandene Maschine ausgewählt werden, die technisch in der Lage ist, alle geforderten Operationen eines Arbeitsvorganges auszuführen. Zum anderen ist die ausgewählte Maschine optimal zu nutzen.

2.4.1 Optimale Nutzung von Maschinen

Zwei Faktoren beeinflussen die optimale Nutzung der eingesetzten Maschinen:

die zeitliche Nutzung und
die Nutzung der technischen Kapazitäten.

Die zeitliche Nutzung der Maschinen ist definiert durch den zeitlichen Nutzungsgrad, d.i. das Verhältnis der wirklichen Maschinennutzungszeit zur Bereitschaftszeit. Die Bereitschaftszeit kann auf einen Tag - also 24 Stunden - oder auf eine Schicht - also 8 Stunden - bezogen sein. Natürlich kann der Zeitnutzungsgrad auch über größere Zeitabschnitte ermittelt werden.

Die zeitliche Nutzung der Fertigungsmittel ist abhängig vom Auftragsvolumen zu betrachten und ist eine der Hauptaufgaben bei der Auftragssteuerung. Bei der Ermittlung des auftragsunabhängigen Arbeitsplanes bleibt sie zunächst unberücksichtigt.

Von besonderer Bedeutung bei der Arbeitsplanerstellung ist die Nutzung der technischen Kapazitäten. Hier unterscheidet man

die räumlichen Kapazitäten
die leistungsmäßigen Kapazitäten
die einrichtungsmäßigen Kapazitäten
die genauigkeitsmäßigen Kapazitäten

Unter räumlicher Kapazität versteht man bei einer Werkzeugmaschine die Abmessungen, die ein Werkstück maximal haben darf, bei einer Drehbank z.B. bestimmt durch die Spitzenweite und Spitzenhöhe.

Unter leistungsmäßiger Kapazität versteht man das vorhandene maximale Leistungsvermögen, bei einer Schmiedepresse beispielsweise ausgedrückt in Tonnen Umformdruck.

Unter einrichtungsmäßiger Kapazität versteht man insbesondere die zusätzliche - also über die Normalausrüstung hinausgehende - Ausstattung, z.B. die Vorschubautomatik bei Werkzeugmaschinen.

Unter genauigkeitsmäßiger Kapazität versteht man die Möglichkeit, mit einer Maschine Arbeiten bestimmten Genauigkeitsgrades durchzuführen, also etwa die Bohrgenauigkeit eines Lehrenbohrwerkes.

Bei den technischen Kapazitäten kommt es darauf an, die vorhandenen Möglichkeiten (Funktionen) weitgehend auszunutzen. Ein Maßstab für die Nutzung ist der Nutzungsgrad.

Bild 10 verdeutlicht die Zuordnung von Werkstück und Fertigungsmaschine am Beispiel eines Rotationsteiles und einer Drehmaschine für den Arbeitsvorgang "Drehen". Die Daten des Werkstückes korrespondieren mit den Daten der Maschine, z.B. Werkstücklänge mit Spitzenweite der Drehmaschine, Werkstückdurchmesser mit Spitzenhöhe etc.

Daten des Teilespektrums	Anpassung	Daten der Fertigungseinrichtungen
Länge		Spitzenweite
Durchmesser		Spitzenhöhe
Spanndurchmesser		Spindeldurchlaß
Gewindeart		Gewindeschneideinrichtungen
Konus		Kegeldreheinrichtung
Genauigkeit	⟺	Fertigungsmittelqualität
Losgröße		Mechanisierung bzw. Automatisierung
		Vorschub
Werkstoff		Drehzahl
Werkstücksteifigkeit		Leistung
		Werkzeug
		Steifigkeit der Fertigungseinrichtungen

Bild 10: Korrespondierende Daten bei der Zuordnung von Werkstück und Maschine

Um eine maschinelle Zuordnung der Werkstücke zu den geeigneten Maschinen zu ermöglichen, ist neben einer Beschreibung der Werkstückmerkmale eine geeignete Erfassung der Bearbeitungsanforderungen notwendig. Die Formulierung dieser Bearbeitungsanforderungen erfolgt zweckmäßigerweise durch eine Klassifizierung der Maschinen und Angabe ihrer charakteristischen Daten, wie Arbeitsraumabmessungen, Einrichtungen, Genauigkeit, Leistung etc.

2.5 Zeitermittlung

Die Zeitangaben im Arbeitsplan sind für jedes Unternehmen von weitreichender Bedeutung. Auf ihnen basiert ein großer Teil wichtiger unternehmerischer Entscheidungen, wie z.B. die Preiskalkulation, die Entlohnung, die Investitionsrechnung, die Terminsteuerung und die Maschinenbelegung. Durch die Entlohnung nach dem Zeitakkordsystem, bei dem der Verdienst aus dem Produkt von Vorgabezeit und Geldfaktor errechnet wird, bekommt die Vorgabezeit einen betriebspolitischen Aspekt. Das führt häufig zu einer Verfälschung der Zeiten im Arbeitsplan. Ziel einer maschinellen Zeitberechnung kann es nur sein, die echte Vorgabezeit zu ermitteln. Für die Entlohnung evtl. abweichende Zeiten müssen daraus unter Berücksichtigung betrieblicher Faktoren gewonnen werden.

Durch die zunehmende Automatisierung verliert allerdings der Zeitakkord an Bedeutung; er wird mehr und mehr durch die Prämienentlohnung ersetzt. Dafür gewinnt jedoch die genaue Zeit für Kostenberechnungen und für Planungsaufgaben, vor allem für die Terminplanung und Maschinenbelegung, entscheidende Bedeutung.

2.6 Definition der Ausgabeinformationen (Arbeitsplandaten)

Allgemein ist bei den Arbeitsplandaten zwischen auftragsabhängigen und auftragsunabhängigen Daten zu unterscheiden. Die auftragsunabhängigen Daten charakterisieren den Basisarbeitsplan, auftragsabhängige und auftragsunabhängige Daten den Auftragsarbeitsplan. Dabei müssen in der Regel nicht alle auftragsunabhängigen Daten im Auftragsarbeitsplan erscheinen; bestimmte Informationen werden nur zur rechnerinternen Weiterverarbeitung benötigt.

Die Daten des Basisarbeitsplanes werden zweckmäßigerweise entsprechend Bild 11 gegliedert. Nach den Angaben zum gesamten

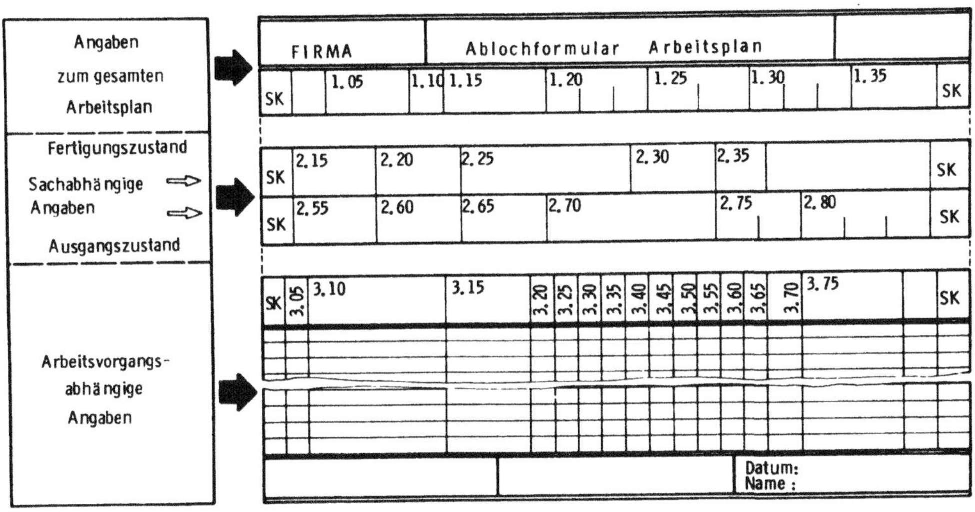

Bild 11: Gliederung der Arbeitsplandaten

Arbeitsplan folgen die sachabhängigen Angaben, die zum einen auf den Fertigzustand, zum anderen auf den Ausgangszustand der zu bearbeitenden Sache bezogen sind. Neben der großen Gruppe der arbeitsvorgangsabhängigen Angaben existieren weitere Angaben, wie Ausweich-, Kommentarangaben und Belegkennziffern, die nicht eindeutig nur einer der drei Datengruppen zuzuordnen sind. Eine genaue Einteilung des Arbeitsplanes, z.B. als Ablochvorlage, ist unternehmensabhängig und soll allgemeingültig nicht vorgegeben werden.

Die wesentlichen Arbeitsplandaten sind in den Bildern 12, 13 und 14 zusammengestellt. Es sind die allgemein gebräuchlichen

Feld Nr.	Feldbezeichnung	Anzahl Datenstellen	Erläuterung	Datenerstellung			
				VOR	UEB	FOR	LOG
1.00	Angaben zum Arbeitsplan						
1.05	Identifizierung					X	
1.10	Art des Arbeitsplanes				X		
1.15	Stückzahlbereich						X
1.20	Aktualitätsangaben			X			
1.25	Ursprungsangaben				X		
1.30	Angaben zu Umfang und Vollständigkeit des Basis-Arbeitsplanes					X	
1.35	Sachbearbeitungsbereich			X			

VOR: Vorgeben
UEB: Ubertragen
FOR: Formal generieren
LOG: Logisch generieren

Bild 12: Angaben zum Arbeitsplan

Begriffe verwendet, so daß sich eine ausführliche Erläuterung erübrigt. Exakte Definitionen sind in [10] niedergelegt.

Die zusammengestellten Arbeitsplandaten können nicht für jedes Unternehmen voll ausreichend sein; besonders in der Serien- und Massenfertigung sind häufig spezifische Angaben erforderlich. Als Grundlage für die Betrachtungen zur Arbeitsplanerstellung können sie jedoch als ausreichend angesehen werden, da alle wichtigen Datenkreise aufgenommen sind.

Feld Nr.	Feldbezeichnung	VOR	UEB	FOR	LOG
		Daten-erstellung			
2.00	Sachabhängige Angaben				
2.10	bezogen auf den Fertigzustand der zu bearbeitenden Sache				
2.15	Ident-Nr.	X			
2.20	Zeichnungs-Nr.	X			
2.25	Benennung	X			
2.30	Klassifizierungs-Nr.				X
2.35	Teilefamilien-Nr. (werkstückbezogen)				X
2.50	bezogen auf den Ausgangszustand der zu bearbeitenden Sache				
2.55	Ident-Nr. Ausgangsmaterial bzw. -teil				X
2.60	Klassifizierungs-Nr. Ausgangsmaterial bzw. -teil				X
2.65	Werkstoff	X			
2.70	Benennung (Rohmaterial)				X
2.75	Basis-Menge und Mengeneinheit				X
2.80	Rohmaße und Rohgewicht				X

Bild 13: Sachabhängige Angaben im Arbeitsplan

Feld Nr.	Feldbezeichnung	VOR	UEB	FOR	LOG
		Daten-erstellung			
3.00	Arbeitsvorgangsabhängige Angaben				
3.05	Arbeitsvorgangs-Nr.				X
3.10	Beschreibung zum Arbeitsvorgang				X
3.15	Kennzeichnung des Arbeitsplatzes				X
3.20	Kennzeichnung von Fertigungshilfsmitteln				X
3.25	Basis (Stückzahl bei gleichzeitiger Bearbeitung)				X
3.30	Lohngruppe				X
3.35	Lohnart	X			
3.40	Rüstzeit t_r				X
3.45	Rüstzeit bei Teilefamilienfertigung				X
3.50	Stückzeit t_e				X
3.55	Zeiteinheit		X		
3.60	Verfahren der Zeitvorgabe		X		
3.65	Verknüpfung	X			
3.70	Bedienungsverhältnis				X
3.75	Überlappung, Splittung, (zeitlich, mengenmäßig)				X
3.80	Teilefamilien - Nr. (arbeitsvorgangsbezogen)				X
3.85	Ein - und Aussteuerhinweise			X	

Bild 14: Arbeitsvorgangsabhängige Angaben im Arbeitsplan

Aus der Einteilung der Arbeitsplandaten (Bilder 12, 13, 14) in

- Vorgabedaten,
- Übertragungsdaten,
- formal generierbare Daten und
- logisch generierbare Daten

kann der notwendige Umfang der Arbeitsplanerstellung abgeleitet werden.

Vorgabedaten stellen in jedem Falle Eingabedaten dar und können bei der Arbeitsplanerstellung nicht generiert werden.

Formal generierbare Daten können vom Rechner erzeugt werden, ohne daß eine komplizierte Entscheidungslogik aufgestellt werden muß. Zum Beispiel erfordert die Identifizierung des Arbeitsplanes über eine systemfreie Zählnummer lediglich ein Weiterzählen aller vergebenen Identnummern.

Logisch generierbare Daten werden aufgrund technologischer, mathematischer und organisatorischer Vorschriften im Arbeitsplanerstellungsprogramm ermittelt.

Übertragungsdaten hingegen werden aus gespeicherten Datenbeständen abgerufen. Der Zugriff kann sowohl über Vorgabedaten als auch über generierte Daten erfolgen.

Zusammenfassend ist aufgrund der Betrachtung der Arbeitsplandaten an die Arbeitsplanerstellung die Forderung nach

- Vollständigkeit der Daten,
- Genauigkeit der Daten,
- Eindeutigkeit der Daten und
- Reproduzierbarkeit der Daten

zu stellen.
Die Erstellung der Ausgabedaten läßt sich auf der Basis zweier Grundprinzipien, der Ähnlichkeitsplanung und der Neuplanung, realisieren. Sie sollen im folgenden detailliert werden.

3. Automatische Arbeitsplanerstellung für Varianten auf der Basis der Ähnlichkeitsplanung

3.1 Charakterisierung des Prinzips

Der Grundgedanke der Arbeitsplanerstellung für Varianten auf der Basis der Ähnlichkeitsplanung beruht darauf, für eine Gruppe gleichartiger Werkstücke eine Standardlösung zu entwickeln, die die Einzellösung für jedes Werkstück dieser Gruppe enthält. Die Werkstückgruppe, die aus geometrisch und technologisch gleichen oder ähnlichen Werkstücken besteht, ist durch den Grundtyp und die zugelassenen Variationen dieses Grundtyps (Varianten) definiert (Bild 15). Die einzelnen Werk-

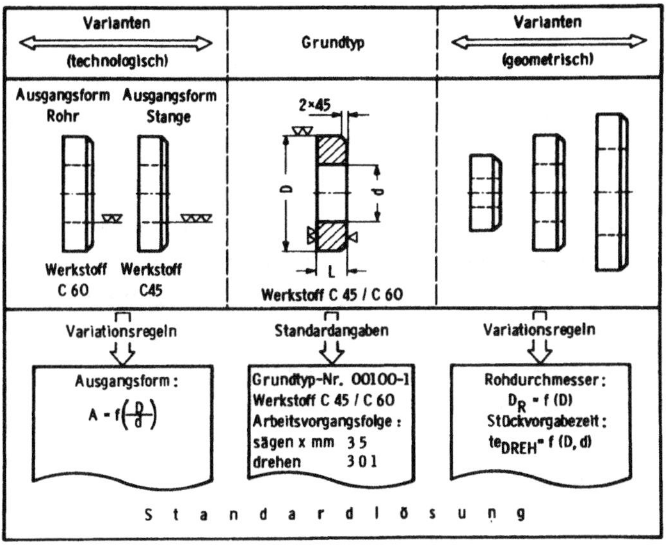

Bild 15: Charakterisierung des Prinzips der Ähnlichkeitsplanung

stückvarianten dürfen dabei nur in fest vorgegebenen Grenzen vom Grundtyp abweichen.
Legt man die für die gesamte Werkstückgruppe gültigen Arbeitsplanangaben als Standardangaben und die durch die variablen Werkstückparameter entstehenden Arbeitsplanvariationen in Variationsregeln nieder, so können die Arbeitsplandaten einer beliebigen Variante des Grundtyps anhand dieser Standardangaben und Variationsregeln ermittelt werden.
Je weniger variable Werkstückparameter für den Grundtyp zugelassen sind, desto größer ist die Anzahl der Standardangaben und desto kleiner ist die Anzahl der Variationsregeln.

3.2 Anwendbarkeit des Prinzips

Der besondere Vorteil der Ähnlichkeitsplanung liegt in der Möglichkeit, ein System auf dieser Grundlage relativ schnell zu realisieren. Da die Daten des Grundtyps konstant sind, muß lediglich der Einfluß der variablen Parameter funktional ermittelt werden. Eine geringe Zahl von Variablen ergibt eine schnelle Verarbeitung im Rechner.

Vorbedingung zur Nutzung dieser Vorteile ist das Vorhandensein von Teilen gleicher Charakteristik, eine größere Zahl von Varianten je Grundtyp und ein relativ festliegendes Einzelteilspektrum, wodurch ein wiederholtes Auftreten von Varianten gegeben ist. Für Unternehmen, die Produktvarianten, z.B. in Form von Bau- oder Typenreihen, produzieren, so daß gleichfalls Einzelteile in verschiedenen Bau- oder Typenreihen auftreten, sind die Bedingungen in der Regel erfüllt, und das Prinzip ist anwendbar.

Systematische Werkstückuntersuchungen in Unternehmen des Maschinenbaus haben gezeigt, daß das Teilespektrum auch bei extremer Einzelfertigung, vor allem im Bereich der mittel- und geringwertigen Teile (B- und C-Teile), eine Vielzahl immer wiederkehrender gleicher oder ähnlicher Werkstücke enthält. Hier lassen sich mit geeigneten Hilfsmitteln, wie z.B. Klassifizierungssystemen, Varianten bilden. Formvarianten, d.h.Varianten einer geometrischen Grundform, konnten in größerem Umfang nachgewiesen werden, so daß sich hier ein wirtschaftlicher Einsatz abzeichnet [11] .

3.3 Aufbau und Ablauf des Systems

Die Konzeption des Arbeitsplanerstellungssystems nach der Ähnlichkeitsplanung beruht auf der Erstellung und Verarbeitung von Standardarbeitsplänen, die alle Standardangaben und Variationsregeln des entsprechenden Werkstückgrundtyps enthalten. Mit der Verwendung von Standardarbeitsplänen sind wesentliche Vorteile verbunden:

1. Die Zuordnung von Standardarbeitsplänen und Variantengrundtyp ermöglicht die leichte Erweiterung und Änderung des Systems. Varianten können beliebig in das System aufgenommen bzw. aus dem System ausgeschieden werden. Die Verkettung von Entscheidungen mit Varianten eines anderen Grundtyps wird weitgehend vermieden.

2. Das Problem, daß die Arbeitsvorgänge nicht allein vom Werkstück abgeleitet und zur Arbeitsvorgangsfolge zusammengesetzt werden können, wird durch die Standardfolge im Standardarbeitsplan gelöst.

3. Die formale Festlegung von Standardarbeitsplänen ermöglicht die Aufstellung eines neutralen Verarbeitungsprogrammes. Gleichzeitig kann eine Systematik zur Bildung von Standardarbeitsplänen entwickelt werden.

Der Ablauf der Arbeitsplanerstellung auf der Basis dieser Überlegungen ist in Bild 16 dargestellt.

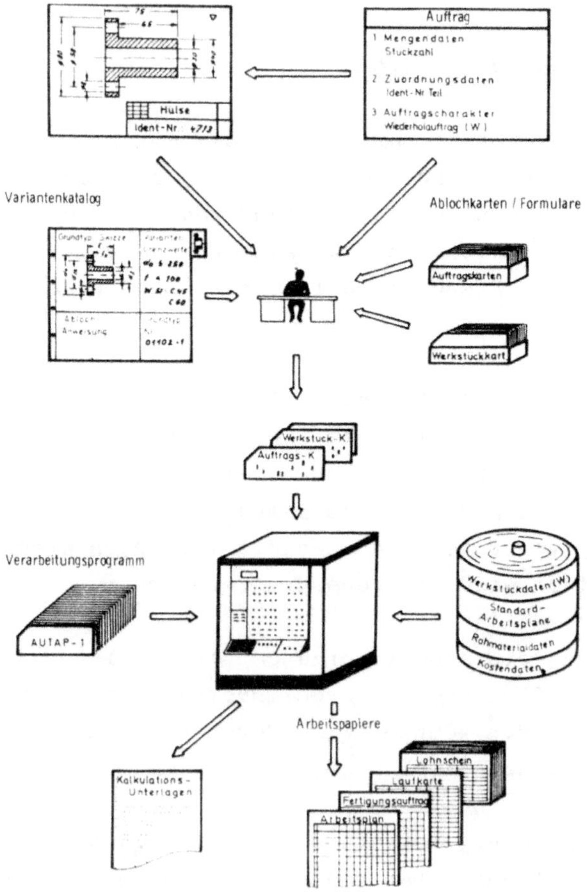

Bild 16: Ablauf der Arbeitsplanerstellung nach dem Prinzip der Ähnlichkeitsplanung

Der Anstoß zur Berechnung wird durch den Auftrag gegeben, der Mengenangaben, wie die zu fertigende Stückzahl, Zuordnungsdaten, wie die Ident-Nummer des Teiles bzw. der Zeichnung und Angaben zum Auftragscharakter, wie z.B. die Angabe "Wiederholauftrag", enthält. Auftrag und zugeordnete Zeichnung enthalten alle Daten, die zum Ablauf vorgegeben werden müssen.

Der Arbeitsplaner ordnet das Werkstück in der Zeichnung einem Grundtyp im Variantenkatalog zu, der vorteilhaft mit einem geeigneten Zugriffsraster ausgestattet ist. Im Katalog findet er je Grundtyp eine Skizze, die Variantengrenzwerte, die Grundtyp-Nummer und die zugehörige Ablochanweisung.

Nach der Grundtypzuordnung und der Überprüfung der Grenzwerte überträgt er die Grundtyp-Nummer und entsprechend der Ablochanweisung die variablen Werkstückdaten auf die Werkstückkarte. Damit ist das Werkstück für die digitale Verarbeitung beschrieben. Die Auftragsdaten werden in einer getrennten Auftragskarte abgelocht und stellen mit den Werkstückdaten die Eingabeinformationen dar.

Die Trennung von Auftrags- und Werkstückdaten ist sinnvoll, da bei Wiederholaufträgen nur die Auftragsinformationen neu erstellt werden müssen, während die Werkstückdaten bereits gespeichert vorliegen. Neben der Einsparung der Ablocharbeit wird eine Fehlerquelle ausgeschaltet, die bei der Erstellung von EDV-verarbeitbaren Daten immer vorhanden ist.
Die automatische Arbeitsplanerstellung wird nach der Bereitstellung der Eingabedaten vom Verarbeitungsprogramm gesteuert.

Bei einem Wiederholauftrag werden zunächst die Werkstückdaten vom Speicher abgerufen. Über die Variantengrundtyp-Nummer erfolgt dann die Auswahl des Standardarbeitsplanes. Bestehen zu einem Grundtyp mehrere alternative Standardarbeitspläne, so wird über die Gültigkeitsbereiche der einzelnen Pläne der zutreffende Plan bestimmt. Der weitere Ablauf erfolgt anhand der im Standardarbeitsplan angegebenen Daten und Funktionen.

An die Arbeitsplanerstellung kann sich direkt die Kalkulation anschließen. Über die bereitgestellten Kostendaten werden die Herstellkosten ermittelt. Das Ergebnis des Rechenprozesses sind die Arbeitspapiere, Fertigungsmittellisten für Werkzeuge, Meßzeuge und Vorrichtungen und die Kalkulationsunterlagen.

3.4 Voraussetzungen und Durchführung

Die Erstellung von Arbeitsplänen nach dem Ablauf in Bild 16 setzt

Werkstückvarianten,
Standardarbeitspläne und
ein Verarbeitungsprogramm

voraus. Wie diese Unterlagen geschaffen werden können, wird im folgenden ausführlich dargestellt.

3.4.1 Werkstückvarianten

Die Bildung von Varianten ist vom Prinzip her nicht beschränkt, d.h. Art und Anzahl der Variablen können frei gewählt werden.

Aus Wirtschaftlichkeitsgründen ist zu beachten, daß jeder Grundtyp mit einer genügend großen Zahl von Varianten belegt sein muß, um eine hohe Nutzungsfrequenz des Programms zu gewährleisten.

Für die Bildung von Varianten sind insbesondere zwei typische Arten zu betrachten, sogenannte Produktvarianten und Formvarianten (Bild 17). Produziert ein Unternehmen Erzeugnisse in Typen- oder Baureihen, so ist eine Variantenbildung leicht durchzuführen, da sich entsprechende Werkstücke in allen Baugrößen wiederholen. Diese Varianten einer Produktreihe können über die Stückliste zusammengestellt und in der Regel mit relativ wenigen variablen Parametern beschrieben werden. Allerdings sind solche Produktvarianten in der Einzel- und Kleinserienfertigung selten. Hier ist die Bildung von Formvarianten interessant,

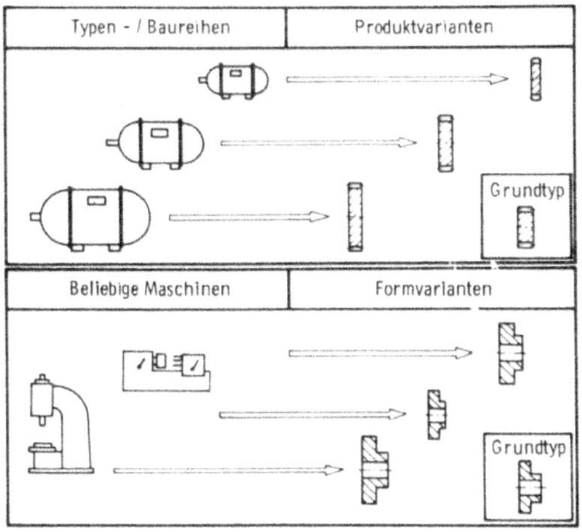

Bild 17: Typische Werkstückvarianten

da statistische Werkstückuntersuchungen gezeigt haben, daß formgleiche Teile bei unterschiedlichstem Produktionsprogramm in großer Zahl auftreten.

Bei der Zusammenstellung von Formvarianten auf breiter Basis kann eine Sortierung der Werkstücke auch maschinell, z.B. mit Hilfe einer Werkstückklassifizierung, durchgeführt werden. Das am Laboratorium für Werkzeugmaschinen und Betriebslehre der Technischen Hochschule Aachen entwickelte werkstückbeschreibende Klassifizierungssystem ist für diese Aufgabe geeignet, da es auf einer Formbeschreibung basiert [12] .

Bei der Anwendung dieses Systems wird der verschlüsselte Teilebestand nach dem sogenannten Formenschlüssel sortiert (Bild 18). Anschließend werden innerhalb gleicher Schlüsselnummern exakt formgleiche Teile zu Gruppen zusammengestellt. Die Variantenbildung ist mit der geometrischen Definition des Grundtyps abgeschlossen.

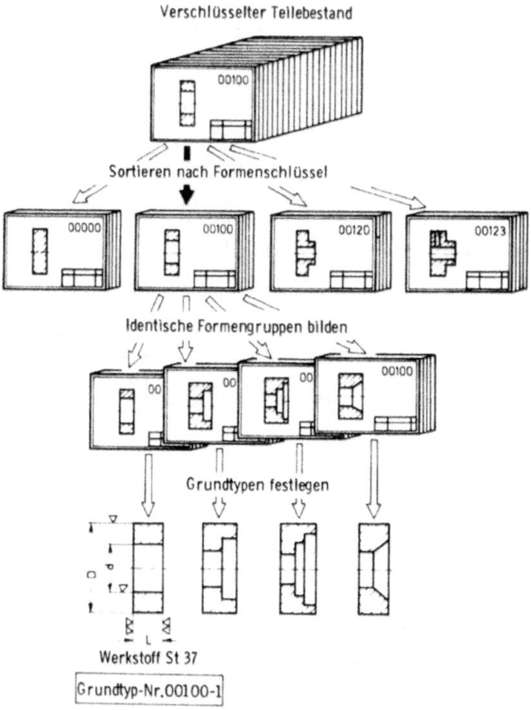

Bild 18: Zusammenstellung von Formvarianten

Unternehmen, die bereits mit Klassifizierungssystemen arbeiten und eine systematische Wiederverwendung bereits konstruierter Teile betreiben, stellen der Konstruktion häufig sogenannte Ähnlichkeitsteilekataloge mit formgleichen Teilen zur Verfügung.

Solche Kataloge können für die Aufstellung von Standardarbeitsplänen genutzt werden.

Bild 19 zeigt einen Ähnlichkeitsteilekatalog, wie er in einem Unternehmen des Maschinenbaus eingesetzt wird.

BUCHSEN, DECKEL, FLANSCHE	01102 SCHLÜSSEL-NR	1 VARIANTE

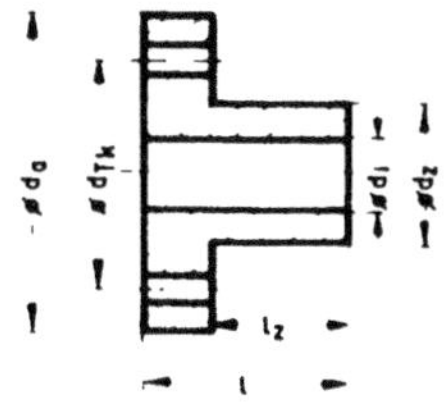

Bfl = Befestigungslöcher
Anzahl X Durchmesser

	d_z	l_z	d_i	d_a	l	Werkst.	d_{Tk}	Bfl			Zeichngs. Nr.		
	103,00	3,5	54,00	140,00	12,0	RST37-2	120,0	04XM 8			14-018.559-0	3	
	104,00	1,0	85,H7	140,00	7,0	RG7	120,0	08XX14			21-006.139-0	4	
	105,00	5,0	87,00	170,00	22,0	C35	140,0	04XM12			53-002.527-0	3	
	107,10	4,5	101,00	160,F7	9,5	C35	140,0	06XM 6			80-004.035-0	3	
	110,F7	5,0	96,00	160,00	20,0	C35	135,0	06XM12			11-025.730-0	3	
	110,H6	15,0	30,H7	140,00	20,0	C35	125,0	04XM 8			11-010.444-0	4	
	110,H6	25,0	80,00	210,00	40,0	C35	180,0	06XM12			17-001.223-0	2	
	110,00	6,0	92,00	160,00	22,0	C35	135,0	06XM12			53-000.924-0	3	
	110,00	10,0	60,00	150,00	42,0	C35	125,0	04XM10			11-011.751-0	3	
	115,F7	4,0	92,00	160,00	19,0	C35	135,0	06XM10			11-006.020-0	4	
	115,F7	10,0	91,00	160,00	28,0	C35	135,0	06XM10			11-004.759-0	4	
/	116,F7	6,0	36,00	155,00	25,0	C35	132,0	08XM 8			54-003.195-0	3	/
	120,F7	40,0	80,H7	165,00	50,0	C35	140,0	03XX11			11-027.278-0	3	
	120,00	5,0	102,00	180,00	22,0	C35	150,0	04XM12			53-002.672-0	3	
	120,00	6,0	92,00	175,00	22,0	C35	150,0	06XM12			53-000.530-0	3	
	120,00	7,0	102,00	170,00	27,0	C35	145,0	04XM12			53-002.774-0	3	
/	123,70	8,0	110,30	160,00	21,0	C35	140,0	06XM 6			11-012.999-0	3	/
	125,F7	4,4	116,00	155,00	11,0	RST37-2	140,0	06XM 8			11-024.976-0	3	
	125,H7	8,0	110,00	170,00	22,0	RST37-2	150,0	04XM 8			14-008.686-0	4	
	127,10	4,5	121,00	190,F7	10,5	MRST37-2	165,0	06XM 8			80-004.066-0	3	
	130,00	2,0	120,00	210,00	7,0	RST37-2	165,0	06XM 8			11-021.952-0	3	
	130,00	5,0	112,00	200,00	22,0	C35	170,0	04XM12			53-002.823-0	3	
	133,70	8,0	120,30	180,00	21,0	C35	155,0	12XM10			11-026.583-0	3	
	135,00	6,0	112,00	190,00	22,0	C35	165,0	04XM10			53-000.021-0	3	
	140,H6	7,0	111,00	198,00	27,0	C35	170,0	08XM10			11-001.577-0	4	
	140,00	4,0	110,00	180,00	10,0	C35	160,0	04XM 8			12-002.036-0	4	
	140,00	4,0	120,00	180,00	15,0	RST37-2	160,0	04XM10			11-012.812-0	2	
	140,00	4,0	128,00	170,00	12,0	C35	154,0	06XM 6			11-017.606-0	3	
	140,00	5,0	112,00	200,00	20,0	C35	170,0	04XM10			53-001.302-0	3	
	140,00	5,0	120,00	190,00	17,0	GG18	160,0	04XM12			25-000.433-0	3	
	140,00	8,0	122,00	208,00	18,0	GG18	175,0	04XM12			25-000.438-0	3	
	140,00	10,0	34,00	210,00	30,0	RST37 2	175,0	06XM16			41-002.176-0	3	
	145,H6	50,0	120,H7	200,00	70,0	GZ-RG7	175,0	04XM10			11-021.392-0	4	
	145,00	5,0	121,00	195,00	20,0	RST37-2	175,0	04XM10			11-021.393-0	4	
	145,00	5,0	122,00	200,00	20,0	C35	175,0	04XM10			53-000.198-0	3	
	150,F8	8,0	121,00	198,00	20,0	RST37-2	170,0	06XM10			11-019.110-0	3	
	150,H7	4,0	130,00	175,00	15,0	RST37-2	162,0	06XM 8			11-021.205-0	3	
	150,H6	6,0	70,00	200,00	31,0	MRST37-2	170,0	12XM12			54-000.136-0	2	
	150,00	2,0	130,00	185,00	17,0	RST37-2	170,0	06XM10			11-012.803-0	2	
	150,00	4,0	130,00	190,00	15,0	RST37-2	170,0	04XM10			11-012.804-0	2	
	150,00	8,0	130,00	220,00	22,0	C35	175,0	06XM12			11-007.065-0	4	
	150,00	5,0	127,00	205,00	25,0	C35	180,0	04XM12			53-002.734-0	3	
	150,00	12,5	130,00	185,00	27,0	RST37-2	170,0	06XM10			11-025.599-0	2	
	155,H6	51,0	130,H7	200,00	71,0	GZ-RG7	180,0	04XM10			11-021.380-0	4	
/	155,00	5,0	127,00	225,00	22,0	C35	180,0	04XM12			53-002.603-0	3	
	155,00	5,0	132,00	220,00	20,0	C35	170,0	04XM10			53-000.255-0	3	

Bild 19: Ähnlichkeitsteilekatalog

Jede Grundform ist durch ein Registerblatt von den anderen im Katalog enthaltenen Grundformen getrennt. Die Standarddaten der Grundform, dazu gehören neben der Skizze die Grundtyp-Nummer, hier als Schlüssel-Nummer und Variante bezeichnet, sind auf dem Registerblatt enthalten. Für die veränderlichen Daten - im wesentlichen die in der Skizze mit Buchstaben versehenen Maße, der Werkstoff und die Ident-Nummer - wird nur der Kopf der Tabelle in das Registerblatt aufgenommen. Er dient zur Kennzeichnung des Inhalts der auswechselbaren Ähnlichkeitsteilelisten, die über Lochkarten maschinell ausgedruckt werden.

Die hohe Belegung der einzelnen Grundformen im Ähnlichkeitsteilekatalog, sie betrugt z.B. für die oben dargestellte Liste 700 Teile, und das Vorhandensein bereits abgelochter Werkstückdaten, sind eine günstige, aber keinesfalls notwendige Ausgangsbasis für die Erstellung von Standardarbeitsplänen.

3.4.2 Standardarbeitspläne

Bild 20 zeigt für vier Typen von Standardarbeitsplänen die bereits enthaltenen Arbeitsplandaten und die durch das Programm zu generierenden Daten.
Typ 1 ist ein Grenzfall eines Standardarbeitsplanes, da alle Daten bereits vorhanden und gespeichert sind. Bei Vernachlässigung geringer Ergebnisabweichungen durch Variable kann der Plan für mehrere Werkstücke gültig sein; der Einsatz ist jedoch wegen der geringen Belegung äußerst begrenzt und für die folgenden Betrachtungen zur Generierung uninteressant, da er lediglich ein Speichern und Abrufen erfordert.

Der Standardarbeitsplan Typ 2 enthält alle Informationen außer den Daten des Rohmaterials, wie Abmessung, Gewicht etc., den Variablen im Text der Arbeitsvorgangsbeschreibung und den Vorgabezeiten. Diese Daten müssen durch das Verarbeitungsprogramm über die im Standardarbeitsplan angegebenen Berechnungsvorschriften (Variationsregeln) ermittelt werden.

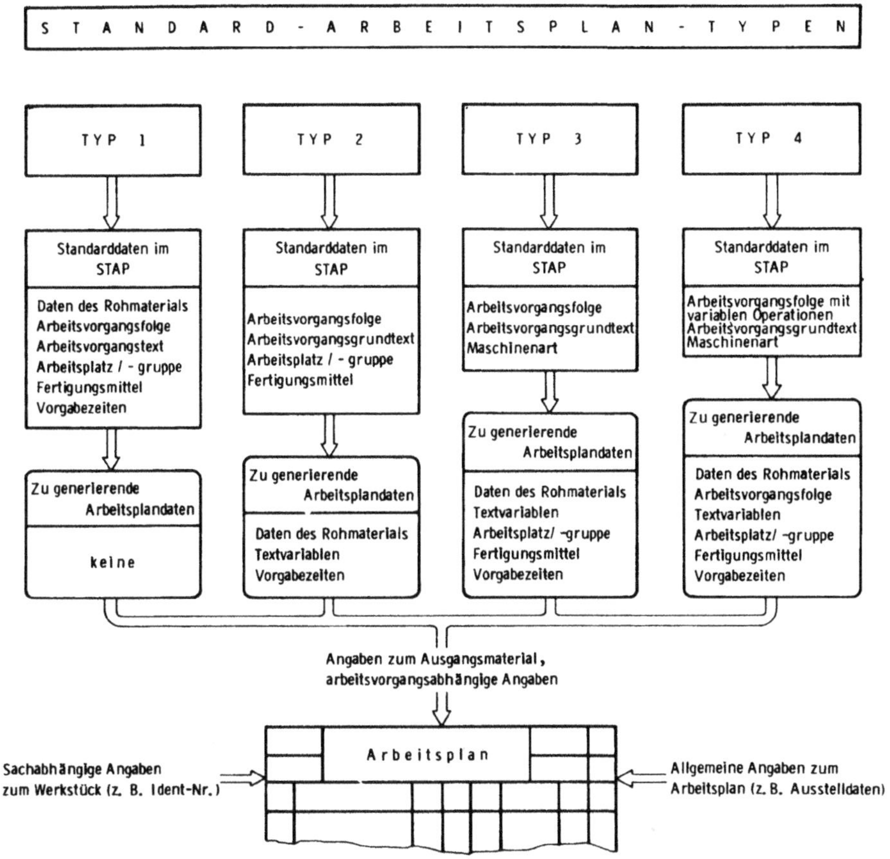

Bild 20: Verschiedene Typen von Standardarbeitsplänen

Zur eindeutigen Beschreibung eines Arbeitsvorganges nach Arbeitsinhalt, Arbeitsablauf und Arbeitsbedingungen sind im Ausgabetext eines Arbeitsplanes häufig konkrete Größen einer Variante, z.B. Maße, anzugeben (Bild 21). Um diese Größen in den im Standardarbeitsplan fest vorgegebenen Grundtext einbauen zu können, muß eine variable Ausgabe des Textes vorgesehen werden.

Arbeitsvorgangsbeschreibung		
Grundtext	Skizze Rohteil - Fertigteil	Ausgabetext
drehen ftg. mit z [mm] Schleifzugabe auf d_z	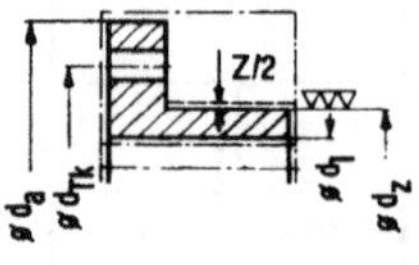	drehen ftg. mit 1[mm] Schleifzugabe auf ø60

Bild 21: Variable Größen im Arbeitsvorgangstext

Im Standardarbeitsplan Typ 3 sind zusätzlich zu den variablen Daten von Typ 2 die Arbeitsplätze und die Fertigungsmittel variabel. Es muß also ausgehend von der vorgegebenen Maschinenart, z.B. Universaldrehmaschine, eine Zuordnung zum Arbeitsplatz und die Bestimmung der Fertigungsmittel, wie Werkzeuge, Meßzeuge und Vorrichtungen, erfolgen.
Die größte Variabilität besitzt der Standardarbeitsplan Typ 4. Die Arbeitsvorgangsfolge ist jetzt keine Zwangsfolge mehr, sondern enthält sogenannte "Kann"-Operationen, "Entweder-Oder"-Operationen und "Muß"-Operationen (Bild 22). Die zur Fertigung

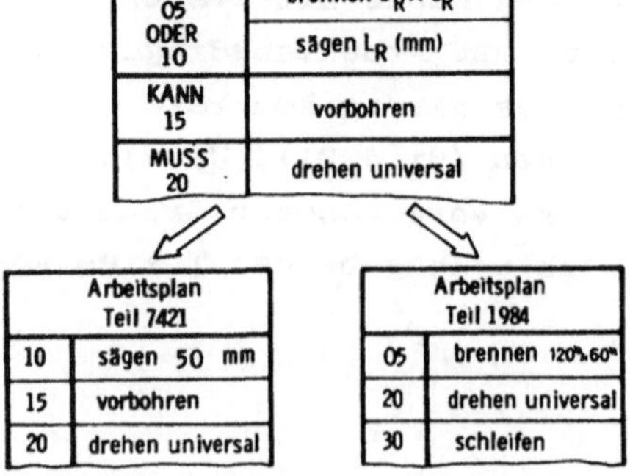

Bild 22: Wahlarbeitsvorgänge im Standardarbeitsplan

eines Werkstückes notwendigen Arbeitsvorgänge müssen durch das Verarbeitungsprogramm anhand der Werkstückparameter ausgewählt werden.

3.4.2.2 Systematik zur Aufstellung von Standardarbeitsplänen

Bei der Aufstellung von Standardarbeitsplänen werden die Arbeitsmethoden für einen längeren Zeitraum festgelegt. Deshalb ist dieser Tätigkeit besondere Sorgfalt zu widmen. Damit sich ändernde Produktionsbedingungen berücksichtigt werden können, ist in regelmäßigen Abständen eine Überprüfung zweckmäßig.

Die Daten des Standardarbeitsplanes können sowohl durch eine reine Neuplanung als auch durch eine Auswertung vorhandener Arbeitspläne gewonnen werden.

Eine Neuplanung erfordert wegen der Berücksichtigung aller möglichen Fälle einen großen Arbeitsaufwand. Das Ergebnis ist zudem überwiegend durch den Erfahrungsschatz des Planers bestimmt.
Die Auswertung bereits vorhandener Arbeitspläne bietet die Möglichkeit, die Vielzahl der möglichen Fälle und die verschiedensten Lösungen kennenzulernen und somit das Know-how des gesamten Unternehmens zu nutzen.
Die Auswertung vorhandener Arbeitspläne verlangt jedoch, daß Fehler in den Unterlagen berichtigt und mögliche Varianten im Ablauf zu einer optimalen Methode verdichtet werden. Aus diesem Grunde ist die systematische Vorgehensweise zur Erstellung von Standardarbeitsplänen (STAP) in 3 Phasen gegliedert, in

die Datenerfassung,
die Datenberichtigung und Bereinigung und
die Standardarbeitsplanbildung (Bild 23).

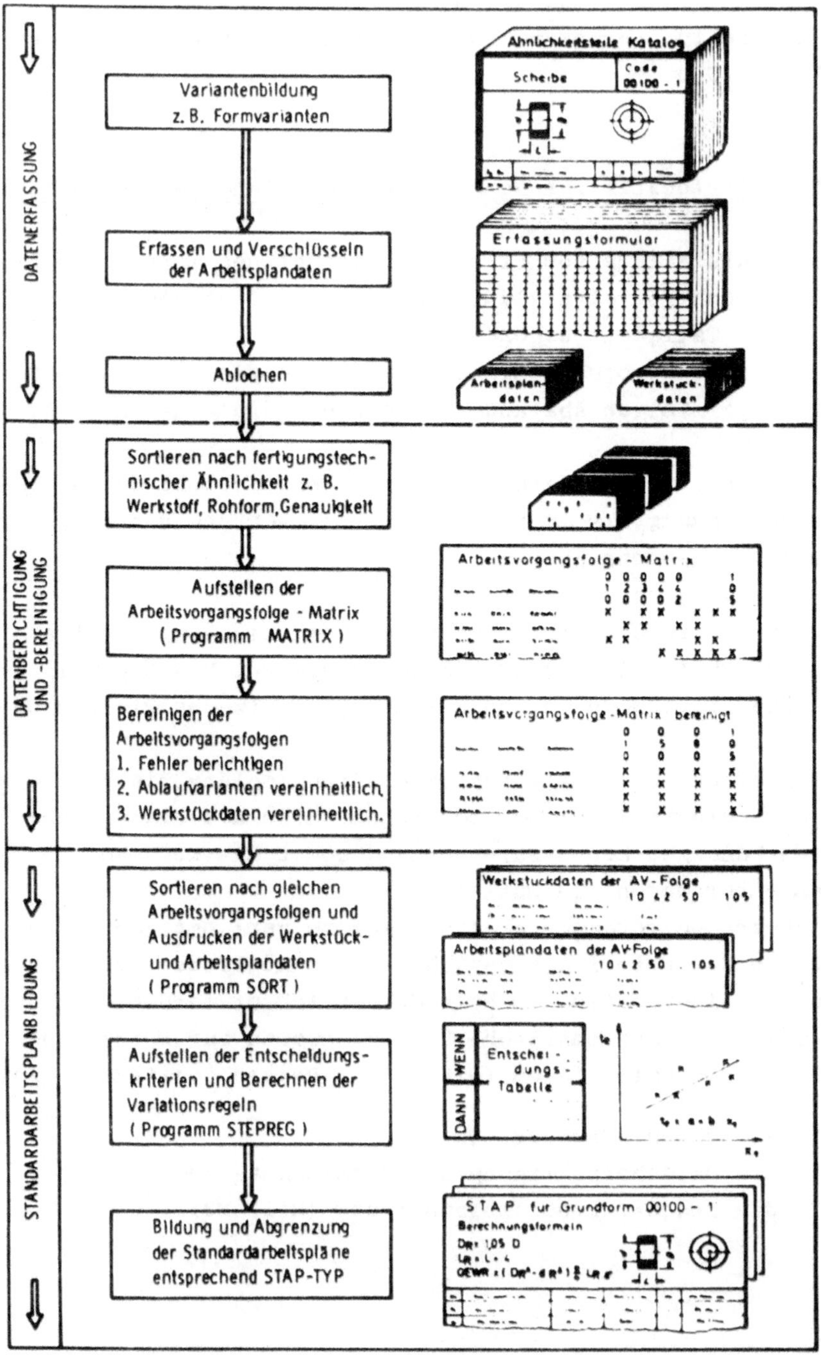

Bild 23: Systematik zur Erstellung von Standardarbeitsplänen

Ein relativ komplizierter Fall bei der STAP-Bildung liegt vor, wenn Standardarbeitspläne für Formvarianten erstellt werden sollen, bei denen Werkstoffe, Genauigkeiten, Oberflächengüten und Maße variabel sind. Diese Daten üben einen großen Einfluß auf den Arbeitsablauf aus. Anhand von Formvarianten soll die Aufstellung von Standardarbeitsplänen erläuert werden.

Der Ablauf in Bild 23 geht davon aus, daß Formvarianten, z.B. in Form eines Ähnlichkeitsteilekataloges, gebildet sind und die Werkstückdaten auf Lochkarten bereitgestellt werden. Die weitere Datenerfassung beschränkt sich dann auf die Arbeitsplandaten, die teils verschlüsselt, teils unverschlüsselt in Erfassungsformulare eingetragen und anschließend abgelocht werden.

Zur Berichtigung falscher und Bereinigung unterschiedlicher Arbeitspläne werden die Arbeitsvorgangsfolgen fertigungstechnisch ähnlicher Werkstücke in einer Arbeitsvorgangsfolgematrix gegenübergestellt. In dieser Matrix lassen sich Planungsfehler und Arbeitsablaufvarianten leicht erkennen. Die Untersuchung der Abweichungen führt zur Vereinheitlichung der Werkstück- und Arbeitsplandaten. Es entsteht eine bereinigte, wesentlich kürzere Arbeitsvorgangsfolgematrix, die die Grundlage für die Erstellung der Standardarbeitspläne bildet. Im nächsten Schritt werden nun mittels eines Sortierprogrammes die Werkstücke mit exakt gleicher Arbeitsvorgangsfolge zusammengestellt und alle Daten in übersichtlicher Form ausgedruckt. Aus dieser Sortierliste können die Entscheidungskriterien für den Arbeitsablauf hinsichtlich Arbeitsvorgangsfolge, Maschinen, Vorrichtung etc. gewonnen werden.

Der quantitative Einfluß der variablen Parameter, z.B. auf die Vorgabezeit, wird in einem weiteren Schritt bestimmt. Hier bieten statistische Methoden die Möglichkeit, den wahrscheinlichsten, zahlenmäßigen Zusammenhang zwischen der Vorgabezeit und den Werkstückmerkmalen objektiv zu finden. Ein Programm zur Durchführung der Regressionsanalyse kann anhand der Daten der Sortierliste zur Berechnung der Vorgabezeitformeln eingesetzt werden.

Im letzten Schritt werden die gewonnenen Ergebnisse zu Standardarbeitsplänen verdichtet. Je nach dem betrieblich gewählten Standard-Arbeitsplantyp entstehen u.U. mehrere Standardarbeitspläne für einen Grundtyp, die eindeutig gegeneinander abgegrenzt werden müssen.
Auf die wichtigsten Tätigkeiten und auf die Programme zur Standardarbeitsplanbildung soll im folgenden kurz eingegangen werden.

Die Erfassung der Arbeitsplandaten erfolgt zweckmäßig nach dem in Bild 24 dargestellten Formular, das sich in einen Stammdatensatz und einen arbeitsvorgangsabhängigen Datensatz gliedert. Für jeden Arbeitsvorgang wird eine Lochkarte erstellt, wobei der Kopfteil für alle Karten eines Arbeitsplanes gleich bleibt.

Benennung:	Datum u. Erfasser:	Lfd.-Nr.:

Zeichnungsnummer										Formen-Schl.					Erg.-Schl.				Rohform Schl.			Rohabmessung L(S)				Rohabmessung DA(B)				Rohabmessung DI(H)				Los-Gr.				Anzahl Lose			Anz. Op.	
1	2	3	4	5	6	7	8	9	10	11	12	13	14	15	16	17	18	19	20	21	22	23	24	25	26	27	28	29	30	31	32	33	34	35	36	37	38	39	40	41	42	43

Op.-Nr.		Stückzeit					Rüstzeit				Code des Arb.-vorgangs				Arbeitsplatz-Nr.					Kostenstelle				Fertigungshilfsmittel										
44	45	46	47	48	49	50	51	52	53	54	55	56	57	58	59	60	61	62	63	64	65	66	67	68	69	70	71	72	73	74	75	76	77	78

Bild 24: Erfassungsformular

Mit Ausnahme des Arbeitsvorgangscodes können alle Informationen direkt aus dem Arbeitsplan entnommen werden.
Der Arbeitsvorgangscode stellt eine Verschlüsselung des Arbeitsvorganges dar und ist die Grundlage für die Erstellung der Standardarbeitsvorgangsfolge und zur Zeitermittlung. Dieser Code muß vor der Erfassung vereinbart werden. Folgende Überlegungen sind dabei zugrunde zu legen.
Die Arbeitsvorgangsbeschreibung umfaßt im allgemeinen Angaben zum Arbeitsinhalt, dem Arbeitsablauf und den Arbeitsbedingungen. Der Arbeitsinhalt sagt aus, welche Aufgaben an einem Arbeitsplatz durchzuführen sind, der Arbeitsablauf gibt die Reihenfolge der einzelnen Arbeitsstufen an, und die Arbeitsbedingungen bestimmen quantitativ die Werte, z.B. die Maschineneinstellwerte wie Schnittiefe, Vorschub, Drehzahl etc., nach denen die einzelnen Bearbeitungen abzuwickeln sind.

In den meisten Arbeitsplänen der Einzel- und Kleinserienfertigung werden detaillierte Angaben zu Arbeitsablauf und Arbeitsbedingungen nicht gemacht, die Bedingungen sind häufig in betrieblichen Tabellen enthalten, die am Arbeitsplatz zur Verfügung stehen.

Besondere Bedeutung im Rahmen der Erstellung von Standardarbeitsplänen kommt dem Arbeitsinhalt zu. Da dem Maschinenbediener in der Einzel- und Kleinserienfertigung als Arbeitspapiere lediglich die Zeichnung und der Arbeitsplan zur Verfügung gestellt werden, muß aus dem Arbeitsvorgangstext eindeutig hervorgehen, welche Aufgabe an jedem einzelnen Arbeitsplatz auszuführen ist. Sind an einem Arbeitsplatz mehrere verschiedene Arbeitsverfahren kombiniert (z.B. Drehen und Bohren auf einer Drehbank), so muß die Aufgabe für jedes Verfahren ersichtlich sein. In Verbindung mit der Fertigteilzeichnung, den Rohteilangaben und den bereits abgewickelten Arbeitsvorgängen müssen Ausgangszustand und Endzustand jedes Arbeitsvorganges anhand der Arbeitsvorgangsbeschreibung projizierbar sein. Nur über gleiche Arbeitsinhalte ist eine Vergleichbarkeit der verschiedenen Arbeitsvorgänge gegeben.

Anhand von Bild 25 soll die Codierung der verschiedenen Arbeitsinhalte beim Arbeitsvorgang "drehen" verdeutlicht werden.

Arbeitsinhalt	—— Fertigzustand -·-·- Rohzustand ----- Zwischenzustand	Erläuterung
Fall 1 drehen fertig Code - Nr. 010	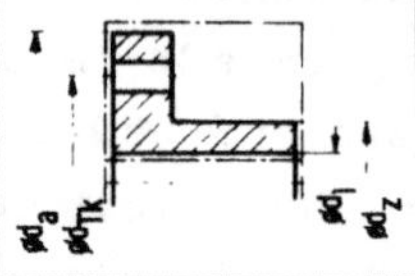	Drehkontur fertig bearbeiten nach Zeichnung
Fall 2 drehen fertig mit z (mm) Schleifzugabe auf d_Z Code - Nr. 015	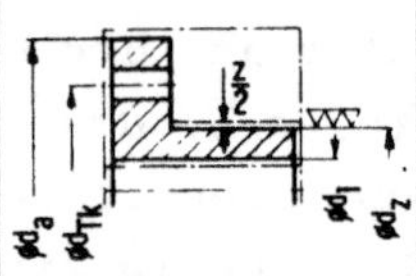	Drehkontur fertig bearbeiten nach Zeichnung bis auf den Durchmesser d_Z d_Z mit Schleifzugabe von z (mm)
Fall 3 drehen fertig und bohren fertig Code - Nr. 020	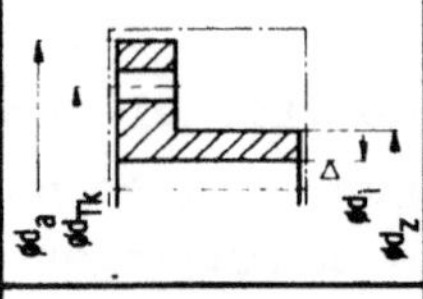	Drehkontur nach Zeichnung fertig bearbeiten bis auf die Bohrung Bohrung fertig nach Zeichnung bohren
Fall 4 vorbohren und drehen fertig Code - Nr. 025	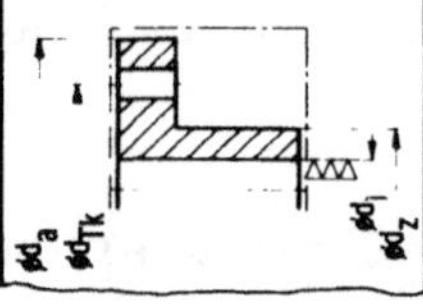	Drehkontur fertig bearbeiten nach Zeichnung

Bild 25: Verschiedene Arbeitsinhalte beim Arbeitsvorgang "drehen"

Fall 1 und 2 unterscheiden sich durch die Oberflächengüte auf dem Zylinder mit dem Durchmesser d_Z. Während im Fall 1 die Fläche fertig gedreht wird, verbleibt im Fall 2 eine Zugabe zum Schleifen. Im Text der Arbeitsvorgangsbeschreibung muß auf diese Zugabe hingewiesen werden.

Die Fälle 3 und 4 gehen von einem Rohteil ohne vorgeformte Bohrung aus und unterscheiden sich von 1 und 2. Während im Fall 3 die Bohrung durch ein Bohrwerkzeug fertig bearbeitet werden kann, ist im Fall 4 nach dem Vorbohren noch innen zu drehen.

Aus den Beispielen ist zu ersehen, daß der Arbeitsvorgangstext eindeutig zu codieren ist, damit Arbeitsvorgangsfolgen und Vorgabezeiten vergleichbar sind. Mit den codierten und abgelochten Arbeitsvorgängen kann die Arbeitsvorgangsfolgematrix ermittelt werden (Bild 26).

PROGRAMM G R U N D F VERSION II (OLAPICH)

DATEN DER FIRMA

GERECHNET AUF CDC 6400 AM 11/03/70

SCHLUESSEL NO GEBIET

	1	2	3	4	5	6	7	8	9
0	X			X				X	X
1		X	X				X		X
2					X		Y		
3						X	X		
4						X			
5						X	X	X	X
6						Y		X	
7									
8									
9									

IDENT NO	SCHLUESSEL	(1) POH	(2) L(S)	(3) DA(B)	(4) DI(H)	(5) ARBEITS VORGANGS MATRIX * 020	* 030	* 050	* 054	* 051	* 081	* 068	* 082	* 092	* 070	* 105	* 106	* 069	* 109
1100794903	01102 6250	41	50	430	310	X		Y			X			X		X			
1100987403	01102 6255	41	91	435	335	X			X		X			X		X			
1100997503	01102 4250	41	15	235	145	X		Y			Y			X		X			
1101514703	01102 6200	41	45	483	362	X		Y			X			X		X			
1300460203	01102 5250	41	50	365	215	X				X	X			X	X	X			
1300655503	01102 6250	41	55	420	250	X				X	X			X		X			
1400296103	01102 5251	41	25	360	260	Y				X	X			X		X			
1400420603	01102 6250	41	75	510	342	X				X	X			X		X			
1400593804	01102 5250	41	30	275	180	X		Y			X			X		X			
1400615003	01102 5251	41	28	390	285	X				X	Y			X		X			
1400803702	01102 6550	41	45	540	390	Y		Y			X			X		X			
3000035902	01102 5200	41	15	282	225	X	X	Y			X			X		X			
5300203203	01102 5251	41	22	288	170	X				X	X			X		X			
1101280302	01102 4250	42	20	197	122	X		Y			Y			X		X			
1101280402	01102 4250	42	18	198	122	X		Y			X			Y		X			
1101653404	01102 4250	42	10	135	75	X		Y			X			Y		X			
1101755704	01102 4251	42	45	220	138	Y				X			X	X		X			
1101924103	01102 6200	42	50	510	280	X		V			X			X		X			
1101911003	01102 4250	42	25	206	113	X				X	X			X		X			
1101921003	01102 6250	42	35	452	348	X		Y			X			X		X			
1102028104	01102 4250	42	18	228	150	X		Y					X	X		X			
1102120503	01102 4251	42	18	187	122	X				X			X	X		X			
1102138104	01102 4250	42	22	240	140	X		Y			X			X		X			
1102139304	01102 4250	42	22	205	110	X		V			X			X		X			
1102195203	01102 4250	42	10	218	112	X		V			X			X		X			
1102472302	01102 6251	42	65	490	340	X				X			X	X		X			
1102495903	01102 4251	42	15	197	140	X						X	X	X		X	X	X	Y
1102497603	01102 3251	42	15	163	103	X				X			X	X		X			

Bild 26: Arbeitsvorgangsfolgematrix

Die Arbeitsvorgangsfolgematrix enthält im Kopf eine sogenannte Arbeitsvorgangsgrundfolge, die die Arbeitsvorgänge aller Werkstücke in richtiger Reihenfolge enthält. In der Matrix erscheint die Grundfolge in der Waagerechten, während senkrecht untereinander die Identnummern der Werkstücke aufgeführt sind. Die von den einzelnen Werkstücken angesprochenen Arbeitsvorgänge werden in der Matrix von links nach rechts in richtiger Reihenfolge angekreuzt.
Die Aufstellung der Arbeitsvorgangsfolgematrix ist manuell sehr aufwendig. Besondere Schwierigkeiten bereitet dabei die Arbeitsvorgangsgrundfolge, da sie ein Reihenfolgeproblem darstellt.
Aus diesem Grunde wurde ein Rechnerprogramm entwickelt, das die automatische Erstellung der Matrix ermöglicht.

Die Arbeitsvorgangsnummern im Kopf der Matrix sind aus Platzgründen senkrecht angeordnet. Eine detaillierte Beschreibung ist in [11] gegeben. Unterschiede in den Arbeitsvorgängen einzelner Werkstücke sind, wie das Bild zeigt, leicht zu erkennen und können anhand der Werkstückdaten überprüft werden.

Die bereinigten und vereinheitlichten Datenkarten werden in der nächsten Phase, der eigentlichen Standardarbeitsplanbildung, nach gleichen Arbeitsvorgangsfolgen sortiert und die zugehörigen Werkstückdaten (Bild 27) und Arbeitsplandaten (Bild 28) in Listen zusammengestellt. Je Arbeitsvorgang können in der Arbeitsplandatenliste die Arbeitsplatznummer, die Kostenstellennummer und die Fertigungshilfsmittelnummer für alle Werkstücke abgelesen werden. Wenn mehrere Nummern, z.B. Maschinennummern, in einer Spalte auftreten, muß eine Entscheidungsliste angelegt werden.
Anhand dieser Liste bestimmt das Rechenprogramm später den richtigen Planungswert. Bei der Entscheidungsfestlegung, wozu häufig ein Planungsvorgang durchgeführt werden muß, dient die Liste der Werkstückdaten als Hilfsmittel.

WERKSTUECKDATEN DER TEILE MIT DER ARBEITSVORGANGSFOLGE 10 42 51 81 92 105

ZEICHNUNGS-NR.	SCHLUESSEL	VAR	WST	DI	L	LZ	DTK	DA	BFL	DZ
11-000.270-0 A3	01102 3301	1	C35	07600	0200	0050	1100	013400	06XM 8	095F7
11-001.577-0 A4	01102 4300	1	C35	11100	0270	0070	1700	019800	08XM10	140E8
11-006.020-0 A4	01102 3301	1	C35	09200	0190	0040	1350	016000	06XM10	115F7
11-006.394-0 A4	01102 3301	1	C35	06200	0150	0050	1050	013400	04XM12	082F7
11-016.326-0 A3	01102 3301	1	C35	06700	0200	0050	1000	012400	04XM 8	085F7
12-000.681-0 A3	01102 5351	1	C35	20600	0350	0100	2700	030900	12XM16	235F7
12-001.337-0 A3	01102 5351	1	C35	20100	0350	0100	2600	029000	12XM16	230F7
12-002.098-0 A2	01102 4300	1	C35	15000	0280	0080	2060	023000	12XM12	170E8
12-002.714-0 A3	01102 4301	1	C35	16100	0280	0060	2100	024500	08XM16	180F7
12-006.916-0 A3	01102 5301	1	C35	17200	0350	0100	2350	027000	10XM16	200F7
14-000.630-0 A4	01102 3301	1	C35	08500	0150	0080	1150	013400	04XM 8	100H6
14-000.654-0 A4	01102 2201	1	ST37	05800	0080	0030	0820	009800	04XM 6	068H6
14-000.730-0 A3	01102 3301	1	C35	05000	0200	0110	1000	011600	04XM 8	085H6
14-004.026-0 A3	01102 5300	1	C35	21100	0300	0080	2650	029500	18XM16	235E8
17-000.456-0 A3	01102 3301	1	C35	05000	0080	0030	1050	012000	04XM 6	090H6
54-000.136-0 A2	01102 4201	1	MRST37-2	07000	0310	0060	1700	020000	12XM12	150H6

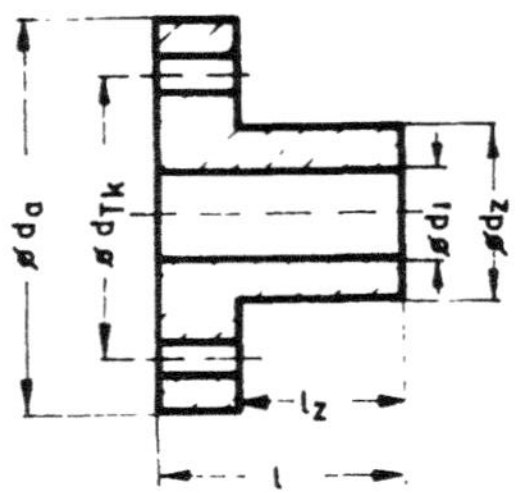

VAR : FORMVARIANTE
WST : WERKSTOFF
BFL : BOHRUNG

Bild 27: Sortierliste der Werkstückdaten

ARBEITSPLANDATEN DER WERKSTUECKE MIT DER ARBEITSVORGANGSFOLGE 10 42 50 81 92 105

ARBEITS-VORG.		10			42			50			81			92	
ZEICHNUNGS-NR.	SCHLUESSEL	① MA	② KO	③ FM	MA	KO	FM	MA	KO	FM	MA	KO	FM	MA	KO
13-006.208-C A4	011^2 4300	38700	1101		41601	1101		11200	1111			1111	1860	42404	1160
11-020.110-0 A3	011^2 3300	38500	1101		41601	1101		11300	1111			1111	1860	42404	1160
11-011.751-0 A3	011^2 3300	38500	1101		41601	1111		11300	1111			1111	1860	42204	1111
11-014.575-0 A4	011^2 4300	38700	1101		41601	1101		11500	1111			1111	1860	42204	1111
11-014.954-0 A4	011^2 2300	38500	1101		41601	1101		11200	1111			1111	1860	42204	1111
11-015.206-0 A3	011^2 3300	38700	1101		41601	1101		11300	1111			1111	1860	42204	1111
11-017.606-0 A3	011^2 4300	38500	1101		41601	1101		11400	1111			1111	1860	41210	1111
12-003.953-0 A3	011^2 5300	38700	1101		41601	1101		11300	1111			1111	1860	42407	1161
14-003.601-0 A3	011^2 3250	38500	1101		41601	1101		11300	1111			1111	1860	42204	1111
53-000.098-0 A3	011^2 4300	38500	1101		41601	1101		11300	1111			1111	1860	42204	1111
53-000.198-0 A3	011^2 4300	38300	1101		41601	1101		11300	1111			1111	1860	42204	1111
53-000.924-0 A3	011^2 3300	38700	1101		41601	1101		11300	1111			1111	1860	42204	1111
53-001.230-0 A3	011^2 3300	38500	1101		41601	1101		11200	1111			1111	1860	42204	1111
53-001.557-0 A3	011^2 4300	38500	1101		41601	1101		11300	1111			1111	1860	42204	1111
53-001.651-0 A3	011^2 3300	38500	1101		41601	1101		11300	1111			1111	1860	42204	1111
53-002.167-0 A3	011^2 3300	38500	1101		41601	1101		11200	1111			1111	1860	42204	1111
53-002.191-0 A3	011^2 3300	38500	1101		41601	1101		11200	1111			1111	1860	42204	1111
53-002.392-0 A3	011^2 5300	38300	1101		41601	1101		11300	1111			1111	1860	42204	1111
53-002.423-0 A3	011^2 4300	38500	1101		41601	1101		11500	1111			1111	1860	42204	1111
53-002.527-0 A3	011^2 4300	38500	1101		41601	1101		11200	1111			1111	1860	42204	1111
53-002.672-0 A3	011^2 4300	38500	1101		41601	1101		11200	1111			1111	1860	42204	1111
53-002.774-0 A3	011^2 4300	38500	1101		41601	1101		11300	1111			1111	1860	42204	1111
53-002.823-0 A3	011^2 4300	38500	1101		41601	1101		11200	1111			1111	1860	42404	1111
80-001.596-0 A3	011^2 4300	38700	1101		41601	1101		11500	1111			1111	1860	42504	1151
14-001.709-0 A4	011^2 2200	38500	1101		41601	1101		11200	1111			1111	1860	42204	1111
11-014.970-0 A3	011^2 3250	38500	1101		41601	1101		11200	1111			1111	1860	42204	1111

① MA : MASCHINEN - NR. ② KO : KOSTENSTELLE ③ FM : FERTIGUNGSMITTEL - NR.

Bild 28: Sortierliste der Arbeitsplandaten

Ein wichtiger Punkt bei der Ermittlung der Standardarbeitsplanangaben ist die Bestimmung der Variationsregeln, insbesondere die Bestimmung der Stückzeitfunktionen.
Die in den Arbeitsplänen enthaltenen Zeitwerte können nach den verschiedensten Verfahren ermittelt worden sein, wobei grundsätzlich zwischen vorbestimmten und gemessenen Zeiten zu unterscheiden ist. Nur selten ist in den Unternehmen ein umfassendes Tabellenwerk zur Vorbestimmung von Zeiten zur Hand, so daß es notwendig erscheint, die Arbeitsplanzeiten zu Zeitfunktionen für Arbeitsvorgänge gleichen Arbeitsinhaltes zu verdichten.

Die ganzheitliche oder globale Erfassung und Bestimmung der Vorgabezeit für Arbeitsvorgänge ist möglich, wenn der Arbeitsinhalt der betrachteten Arbeitsvorgänge gleich ist. Darauf wurde bereits bei der Arbeitsvorgangscodierung geachtet. Eine gute Möglichkeit, die Einflußgrößen auf die Vorgabezeit in einen mathematischen Zusammenhang zu bringen und quantitativ zu bestimmen, bietet die Regressionsanalyse.

Für diese statistische Methode, die es erlaubt, sowohl zufällige, wie auch systematische Abhängigkeiten festzustellen, existieren Standardprogramme, die ohne weiteres herangezogen werden können [13] . Vorteilhaft ist, daß neben der maschinellen Berechnung mit Hilfe der quantitativen Aussage wesentliche und unwesentliche Einflußgrößen ermittelt werden können. Außerdem werden Kennzahlen zur Qualität des mathematischen Ansatzes und zur Genauigkeit der Aussage geliefert.

Die benötigten Ausgangswerte wie die Zeitwerte und die Einflußgrößen durch Werkstück und Betriebsmittel, sind in den Werkstück- und Arbeitsplankarten enthalten, so daß für den Einsatz des Programms lediglich der Funktionsansatz vorgegeben werden muß (Bild 29). Der Ansatz wird nach der Berechnung solange verbessert, bis eine geforderte Genauigkeit (z.B. von $\pm$ 10 %) erreicht ist. Bei stark unterschiedlichen Maschinen oder Fertigungshilfsmitteln ist u.U. eine Berechnung für einzelne Betriebsmittelnummern erforderlich.

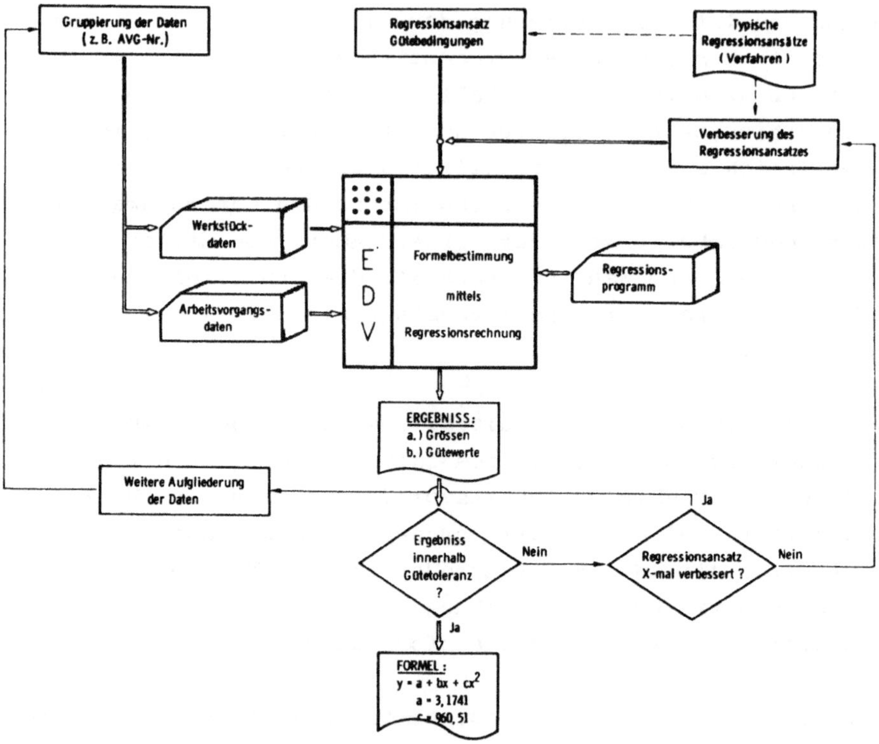

Bild 29: Funktionsermittlung mit Regressionsrechnung

Für Arbeitsprozesse, die ständig in gleicher oder ähnlicher Art vorkommen und deren Zeitberechnung mathematisch faßbar ist, wie z.B. beim Drehen, kann bei größerer Anzahl von Standardarbeitsplänen die Angabe einer Zeitfunktion je Arbeitsvorgang aufwendiger werden als die synthetische Errechnung der Vorgabezeit aus Zeitelementen. Hier empfiehlt es sich, bereits bei der Ähnlichkeitsplanung Zeitermittlungsmethoden einzusetzen, wie sie bei der Neuplanung erforderlich sind.

Abschließend zeigt Bild 30 einen Standardarbeitsplan, der aufgrund der geschilderten systematischen Vorgehensweise aufgestellt wurde. Er enthält als wichtigste Angaben die Grenz-

GRUNDTYP - NR : 00166 - 7	STAP - NR : 6311	Aussteller :	Schmitz	Datum : 11.10.1969

GRUNDTYP - SKIZZE

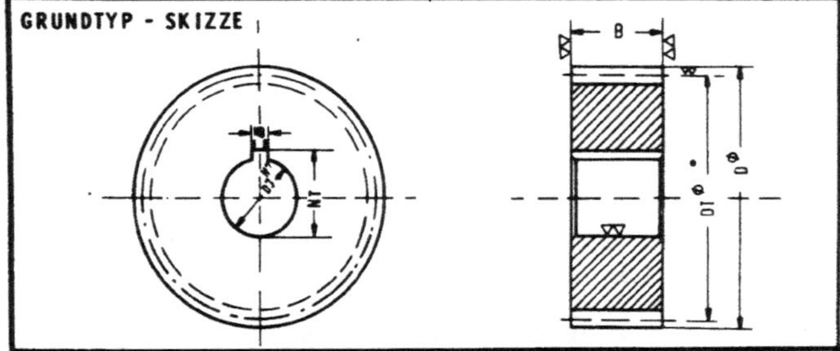

GRENZWERTE

120 ≤ DA ≤ 240
30 ≤ B ≤ 80
35 ≤ DI ≤ 80
10 ≤ NB ≤ 20
1 ≤ N ≤ 20

Werkstoff C 45 S

Rohform	Berechnungsformel für Rohabmessungen	Basis-menge	Mengen-einheit	Gewichtsberechnungsformeln
Stange Rund	DR = 1,05 · D ; LR = L + 4	1	kg	Rohgewicht : $GEWR = DR^2 \cdot \frac{\pi}{4} \cdot LR \cdot \gamma$ Fertiggewicht : $GEWF = [\frac{\pi}{4}(Z^2M^2 - DJ^2) - NB \cdot (NT - DJ)]B \cdot \gamma$

lfd. Nr.	Beschreibung zum Arbeitsvorgang	Fertigungs-hilfsmittel	Wahlarbeitsvorgang: Entschdg.	Wahlarbeitsvorgang: Entscheidungs-kriterien oder -liste	Masch.-Zuordn.: Zuordn. Größen	Masch.-Zuordn.: Entsch. liste	Masch. Gruppe	Kosten-stelle	Rüst-zeit	Basis	Berechnungsformel für die Stückzeit
5	sägen LR mm lang und entgraten		N				55/1	1101	4	1	$T = 2{,}34 \cdot (\frac{DR}{100})^{1{,}52}$
10	drehen und bohren	Skizze	N		GEN	011	66/3	1111	17	1	$T = 4{,}7 \cdot 10^{-6} \cdot LR(DR^2 - D^2 + DJ^2) + 32{,}5$
					LR		66/2	1112	18	1	$T = 4{,}9 \cdot 10^{-6} \cdot LR(DR^2 - D^2 + DJ^2) + 28{,}9$
					DR		66/1	1117	24	1	$T = 6{,}2 \cdot 10^{-6} \cdot LR(DR^2 - D^2 + DJ^2) + 34{,}1$
15	Zähne fräsen Z = Z, M = M		N				71/1	1460	35	2	$T = 1{,}46 \cdot 10^{-3} \cdot Z \cdot B \cdot M + 13{,}5$
20	waschen		N				72/1	1760	0	1	$T = 1{,}9$
25	Nut stossen NB = NB, NT = NT		Y	B ≥ 60 oder DJ ≥ 65			76/1	1463	11	1	$T = 3{,}93 \cdot 10^{-3} \cdot NB \cdot NT + 9$
30	Zähne und Nut entgraten, Kopfkanten brechen		N				68/1	1472	0	1	$T = 0{,}461 \cdot 10^{-3} \cdot Z \cdot M \cdot B + 11$

Bild 30: Beispiel eines Standardarbeitsplanes

werte, die Berechnungsformeln zur Materialbestimmung und Stückzeitberechnung, die Entscheidungskriterien bei Wahlarbeitsvorgängen sowie die Auswahlkriterien zur Maschinenzuordnung in der gleichzeitig adressierten Entscheidungsliste.

3.4.3 Verarbeitungsprogramm

Die programmtechnische Lösung zur Verarbeitung von Standardarbeitsplänen in einem Arbeitsplanerstellungsprogramm setzt vor allem die Lösung folgender Aufgaben voraus:

1. Die Eingabe für die Werkstückdaten
   Die Beschreibung von Varianten ist durch die Definition des Grundtyps relativ einfach. Der Grundtyp selbst ist durch die Grundtyp-Nummer charakterisiert, lediglich die variablen Parameter müssen zusätzlich angegeben werden. Von den drei Beschreibungsmöglichkeiten für Varianten in Bild 31 ist die Festformatbeschreibung, bei der jeder Größe ein fester Platz in der Lochkarte zugeordnet ist, langfristig gesehen unhandlich, da die verschiedenen Variantengrundtypen unterschiedliche variable Parameter nach Art und Anzahl enthalten. Man strebt deshalb zweckmäßigerweise ein variables Format, wie das Freiformat oder das Adressformat, an. Im Gegensatz zum Freiformat, wo Reihenfolge, Anzahl und Stelle der Variablen auf der Lochkarte beliebig sind, ist beim Adressformat die Reihenfolge für jeden Grundtyp festgelegt.

2. Variable Größe im Arbeitsvorgangstext
   Die Ausgabe von Maßgrößen im Arbeitsvorgangstext ist im Programm vorzusehen.

3. Durchführung von Berechnungen mittels im Standardarbeitsplan angegebener Formeln
   Die Bestimmung der Variablen, wie die Abmessungen des Rohmaterials, das Gewicht des Rohteils, die Stückzeit etc.,

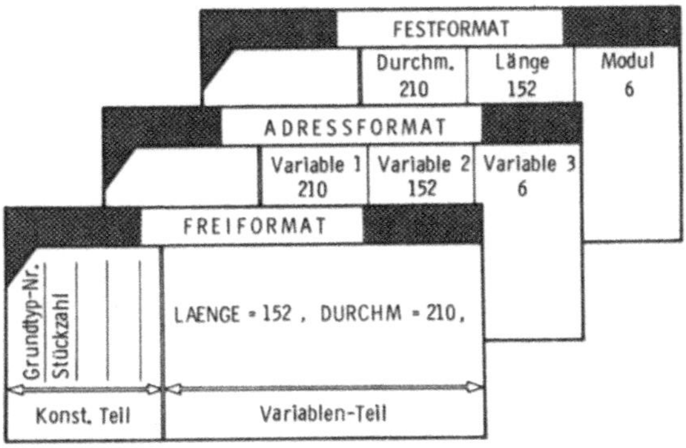

Bild 31: Eingabemöglichkeiten für Werkstückdaten

erfolgt anhand von Berechnungsformeln, die in der Regel nur für einen Grundtyp gültig sind. Um die Aufnahme dieser Formeln in das Verarbeitungsprogramm zu vermeiden, sollte die Berechnung einer Größe über Dateneingabe von Funktionen möglich sein.

4. Einheitliche Zuordnung der Werkstücke zu den Maschinen
Die von den verschiedensten Werkstücken zur Bearbeitung benötigten Maschinen sind weitgehend dieselben, und die Zuordnung der Werkstücke zu den Maschinen erfolgt nach den gleichen Kriterien. Der maximale Werkstückdurchmesser bestimmt z.B. den erforderlichen Drehdurchmesser der Maschine. Deshalb ist es zweckmäßig, die Maschinenzuordnung unabhängig vom einzelnen Standardarbeitsplan allgemeingültig durchzuführen.

5. Variable Arbeitsvorgangsfolge
Die im Standardarbeitsplan Typ 4 ermöglichten "Kann"- und "Entweder-Oder"-Operationen müssen für jedes Werkstück durch das Verarbeitungsprogramm ausgewählt werden können.

Den Programmablauf für die Verarbeitung von Standardarbeitsplänen unter Berücksichtigung obiger Bedingungen zeigt Bild 32.

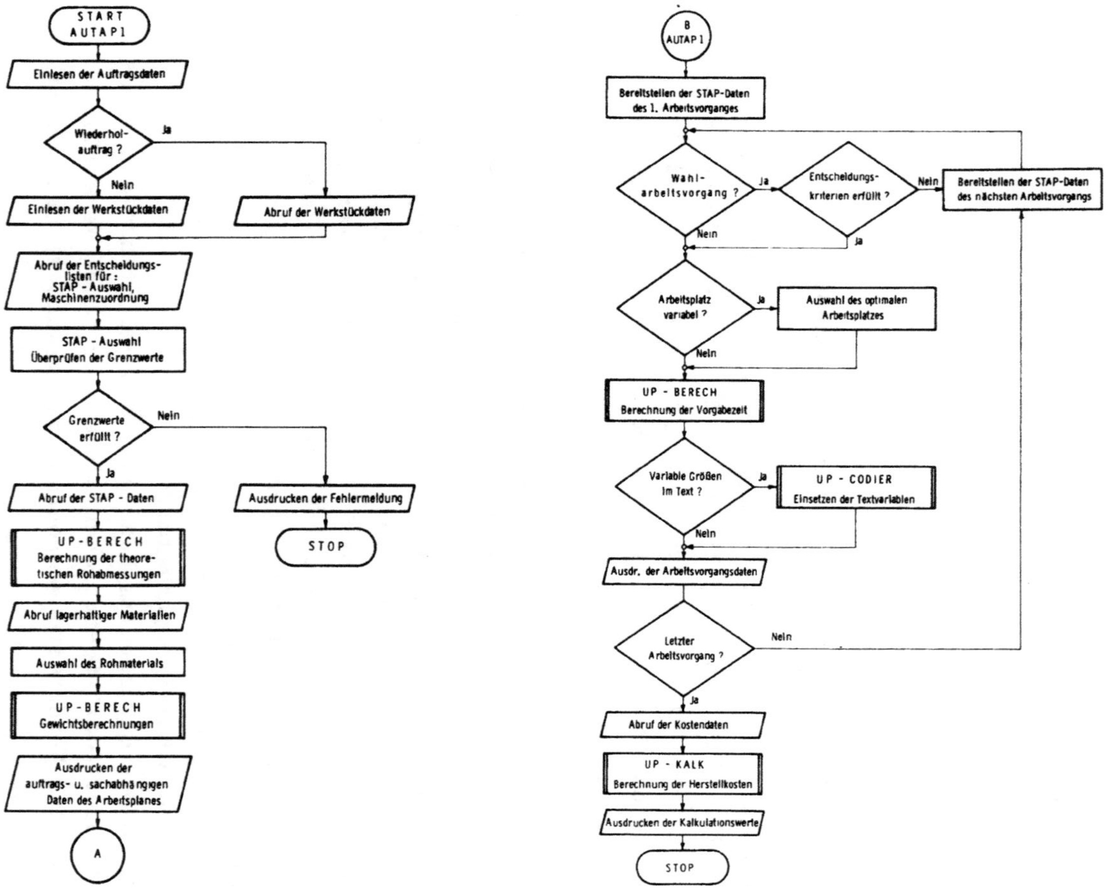

Bild 32: Ablaufdiagramm des Verarbeitungsprogramms für Standardarbeitspläne

In Bild 33 ist ein mit diesem Programm anhand des Standardarbeitsplanes in Bild 30 erstellter Arbeitsplan dargestellt. Das Ausgabeformat entspricht dem im Unternehmen verwendeten Vordruck.

Ausstelltag	Anl-Termin	Stz	Fert-Termin	Baugr	Untergr	Pos-Nr	Auftragsnummer	
11.03.70	10.04.70	10	01.05.70	2431	A421	345	123/456//A12	

	AUTAP1	21.2.70 SM/OB	

Werkstoff	Rohform und Rohabmessungen	Benennung	Teilnummer	Roh-gew [kg]	Fertig-gew [kg]
C45	STANGE RD.140 X 39	STIRNRAD	46789/123/50	4,7	3,0

Kosten-stelle	Masch-gruppe	Rüstzeit [min]	Basis	Stückzt [min]	Nr.	ARBEITSVORGANG	Betriebsmittel	
1101	55/1	4.0	1	4.2	5	SAEGEN AUF 39 MM UND ENTGRATEN		
1117	66/1	24.0	1	34.9	10	DREHEN UND BOHREN	SKIZZE	
1460	71/1	35.0	2	19.8	15	ZAEHNE FRAESEN Z= 31 , M= 4		
1760	72/1	0.0	1	1.9	20	WASCHEN		
1463	76/1	11.0	1	11.0	25	NUT STOSSEN, NB= 12 , NT= 43		
1472	68/1	0.0	1	13.0	30	ZAEHNE UND NUT ENTGRATEN UND KOPFKANTEN BRECHEN		

Bild 33: Maschinell erstellter Arbeitsplan

Das vorgestellte System zur automatischen Arbeitsplanerstellung für Varianten auf der Basis von Standardarbeitsplänen stellt mit der Systematik zur Standardarbeitsplanbildung eine Möglichkeit dar, in relativ kurzer Zeit eine Rationalisierung der Arbeitsvorbereitung zu erreichen.
Besondere Vorteile ergeben sich, wenn die Arbeitsplanerstellung mit einer automatischen Konstruktion und Angebotsbearbeitung gekoppelt wird [14] .
Die bisherige Speicherung der Einzelarbeitspläne kann entfallen, wenn bei einem neuen Auftrag ein aktueller Arbeitsplan generiert wird [15] .

4. Automatische Arbeitsplanerstellung auf der Basis der Neuplanung

4.1 Charakterisierung des Prinzips

Die Neuplanung (Bild 34) beruht auf der Durchrechnung aller technisch möglichen Alternativlösungen nach vorgegebenen Optimierungszielen. Die Alternativen entstehen aus der Verknüpfung von möglichen Materialien mit möglichen Verfahren und entsprechenden Fertigungsmitteln. Sie werden bausteinartig anhand technologischer Bedingungen und Regeln sowie mathematischer Beziehungen nach einer Planungsmethode zusammengesetzt.

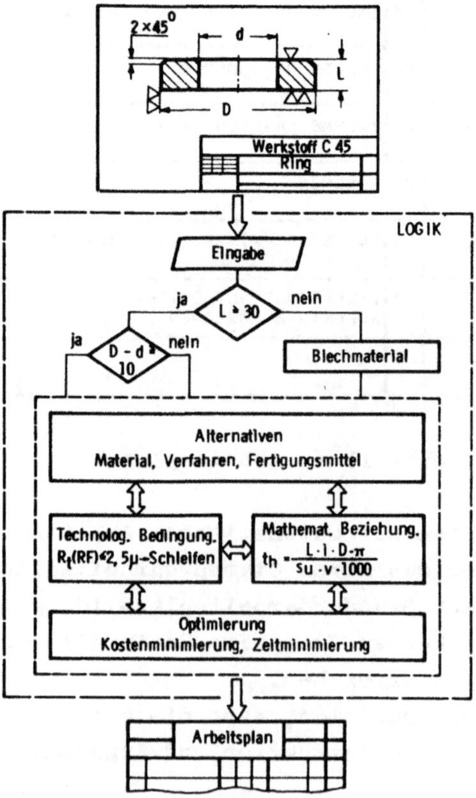

Bild 34: Charakterisierung des Prinzips der Neuplanung

Die Optimierung kann nach verschiedenen Zielfunktionen, der Kostenminimierung oder der Zeitminimierung durchgeführt werden. Diese Vorgehensweise macht die Formulierung aller technologischen Zusammenhänge und den Aufbau umfangreicher Dateien erforderlich.
Mit den Grundprinzipien sind generelle Auswirkungen auf die Anwendung verbunden, die bei der Konzeption praktischer Arbeitsplanerstellungssysteme zu beachten sind.

4.2 Methoden der Optimierung

Zur Bewertung technisch möglicher Alternativen nach verschiedenen Zielfunktionen sind die in Bild 35 abstrahiert dargestellten Möglichkeiten zu unterscheiden.

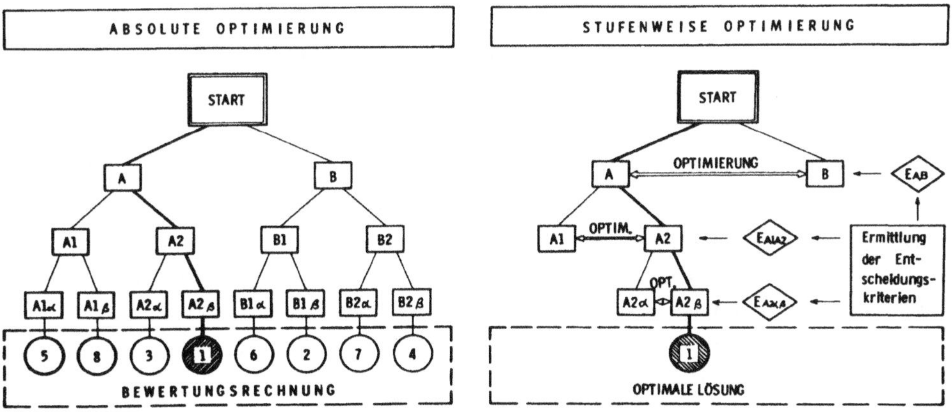

Bild 35: Prinzipielle Optimierungsmöglichkeiten

Die absolute Optimierung geht davon aus, für ein zu planendes Werkstück alle möglichen Lösungskombinationen zu ermitteln und sie abschließend durch eine Bewertungsrechnung entsprechend der Zielfunktion in eine Rangreihenfolge der Optimalität einzuordnen.

Damit ist gleichzeitig die optimale Alternative absolut richtig bestimmt. Die stufenweise Optimierung stellt dagegen nur jeweils die Alternativen einer Stufe gegenüber und entscheidet je Stufe über den weiteren Ablauf.

Der Vorteil der absoluten Optimierung liegt darin, daß sie auf alle Fälle zum Optimum führt und keine Entscheidungskriterien benötigt. Die praktische Anwendung ist jedoch nur selten möglich, da aufgrund der technologisch bedingten Vielzahl von Kombinationsmöglichkeiten der Rechenaufwand sehr groß wird. Für ein einfaches Rotationsteil mit Innenform und Hilfsbohrungen z.B. ergaben sich in einer Untersuchung 2016 sinnvolle Kombinationsmöglichkeiten von Arbeitsvorgängen, die nach erfolgter Maschinenauswahl, Werkzeugbestimmung und Zeitermittlung zu vergleichen waren.

Eine erhebliche Aufwandersparnis ergibt dagegen die stufenweise Optimierung, die allerdings den Nachteil hat, daß die Lösung vom Optimum abweicht. Diese Abweichungen lassen sich jedoch ausgleichen, wenn die Entscheidungskriterien auf der Basis der absoluten Optimierung bestimmt werden. Dazu können die möglichen Alternativen durchsimuliert und Entscheidungskriterien bzw. Funktionen aufgestellt werden. In regelmäßigen Zeitabständen müssen die bereits berechneten Kriterien überprüft werden, da Maschinenpark und Fertigungsmittel einer ständigen Veränderung unterworfen sind.

Durch diese Lösung lassen sich immer wiederkehrende Rechnungen im Verarbeitungsprogramm vermeiden. Eine bestimmte Oberflächengüte auf einem Rotationsteil kann beispielsweise durch Drehen oder Schleifen erzeugt werden. Diese Alternative würde im

Verarbeitungsprogramm jedesmal neu durchgerechnet und - solange die technologischen Daten konstant sind - immer dasselbe Ergebnis als Optimum deklariert werden. Solche Rechnungen vermeidet die stufenweise Optimierung, so daß sich die Rechenzeiten erheblich verkürzen.

Bei der Bewertung der Optimierungsverfahren muß über das formale Rechenverfahren hinaus auch der durch eine Optimierung erreichbare Erfolg in die Betrachtung einbezogen werden (Bild 36). Für die einzelnen Aufgaben im Rahmen der Arbeitsplanerstellung besteht eine Optimierungshierarchie, die von

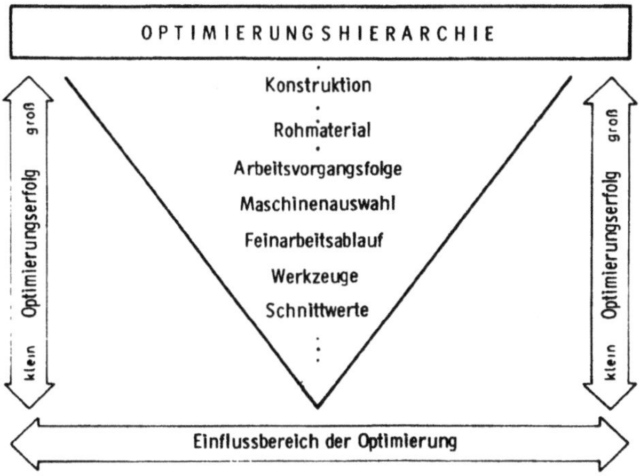

Bild 36: Optimierungshierarchie

der Rohmaterialauswahl über die Arbeitsvorgangsfolgeermittlung bis zur Schnittwertbestimmung einen kleiner werdenden Erfolg der Optimierungsrechnung ergibt. Diese Abnahme ist vor allem dadurch begründet, daß der Einflußbereich der Optimierung mit zunehmender Tiefengliederung des Arbeitsplanes kleiner wird. Den stärksten Optimierungsspielraum hat zweifellos die Konstruktion, die in ihren Entscheidungen zunächst weitgehend frei ist. Die Arbeitsvorbereitung kann, abgesehen von einer aktiven Mitarbeit während des Konstruktionsprozesses, nur noch im Rahmen der vorgegebenen Konstruktionslösung das Optimum suchen.

Einen quantitativen Anhaltswert gibt die Betrachtung der Kostenfestlegung in den verschiedenen Produktionsbereichen. Die Konstruktion legt bereits 75 % der Kosten durch die gewählte Konstruktionslösung fest, die Arbeitsvorbereitung ca. 13 %. Für alle weiteren Bereiche (Fertigung, Beschaffung etc.) verbleiben lediglich 12 % [16]

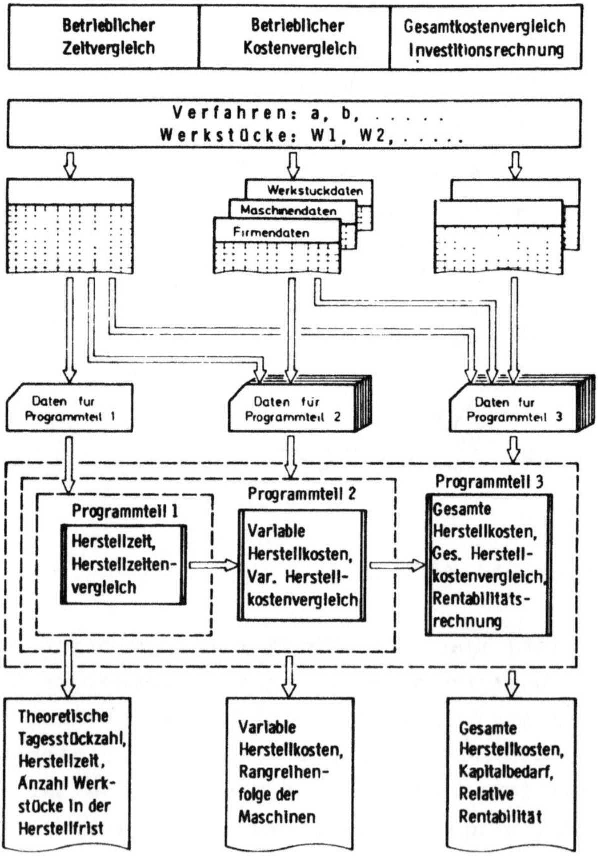

Bild 37: Programmablauf zur Wirtschaftlichkeitsrechnung

Diese Gründe lassen es zweckmäßig erscheinen, die stufenweise Optimierung zu wählen und die Entscheidungsgrundlagen mit Hilfe der Arbeitsplanerstellungsprogramme auf der Basis der absoluten Optimierung periodisch neu zu bestimmen.

Eine erste Voraussetzung ist durch ein Programm zur Wirtschaftlichkeitsrechnung gegeben, das am Laboratorium für Werkzeugmaschinen und Betriebslehre der Technische Hochschule Aachen zunächst für die Investitionsplanung bei numerisch gesteuerten Werkzeugmaschinen entwickelt wurde und unter dem Namen WIRS oder WIRE bekannt ist [17] . Da alle Kostenrechnungsarten, wie z.B. der betriebliche Kostenvergleich und die technische Investitionsrechnung auf den gleichen Kostenfunktionen beruhen, kann das Programm für die verschiedenen Rechnungsarten ausgebaut werden (Bild 37).

4.3 Anwendbarkeit des Prinzips

Die Neuplanung ist bei der Realisierung gegenüber der Ähnlichkeitsplanung mit größerem Aufwand verbunden. Diesem Mehraufwand stehen jedoch eine Reihe gewichtiger Vorteile gegenüber. Durch die detaillierte Lösung der technologischen Zusammenhänge entsteht eine allgemeingültige Planungslogik. Damit wird es möglich, Arbeitspläne nach vorgegebenen Zielfunktionen zu ermitteln und die Planungsmethode als Basis für langfristige Entscheidungen einzusetzen. Als Beispiel seien die Lagersortenplanung und die technische Investitionsplanung erwähnt. Die Neuplanung stellt damit die Grundlage für Arbeitsplanerstellungssysteme dar, die für den breiten Einsatz im Rahmen der Arbeitsplanungsaufgaben gedacht sind.

4.4 Arbeitsplanerstellung

Die Arbeitsplanerstellung mit EDVA, die das Kernstück zur Systematisierung der Arbeitsplanung darstellt, umfaßt die Ermittlung aller arbeitsvorgangsabhängigen Informationen. Wichtigste Voraussetzung zur Durchführung der Arbeitsplanerstellung auf EDVA ist die Entflechtung des gesamten Aufgabenkomplexes und die Hintereinanderschaltung der einzelnen Problemkreise in einem definierten Ablauf.

4.4.1 Ablauf der Arbeitsplanerstellung

Aus der Analyse der Informationsverarbeitungsvorgänge bei der Arbeitsplanerstellung und unter Berücksichtigung der eingangs dargelegten Zielsetzungen kann ein definierter Ablauf aufgebaut werden, der in Bild 38 als Programmablauf dargestellt ist. Die einzelnen Problemkreise sind durch ein übergeordnetes Steuerprogramm untereinander und mit den entsprechenden Dateien verknüpft. Ausgehend von den Eingabedaten, die die Daten des Fertigteils, des Rohteils und die Bearbeitungsinformationen aus der Rohmaterialbestimmung umfassen, erfolgt zunächst die Überprüfung der Grenzbedingungen. Zum einen wird geprüft, ob das Werkstück für den Maschinenpark des Unternehmens geeignet ist, zum anderen, ob das Arbeitsplanerstellungsprogramm dieses Werkstück überhaupt verarbeiten kann.

Die Gesamtkonzeption des Programmes beruht auf der Untergliederung des Teilespektrums. Dies führt zur Bildung von Werkstückgruppen, die durch sogenannte Komplexteile definiert sind. Diesen Komplexteilen werden Komplex-Arbeitsvorgangsfolgen zugeordnet, die alle technologisch möglichen und sinnvollen Bearbeitungsvorgänge enthalten.

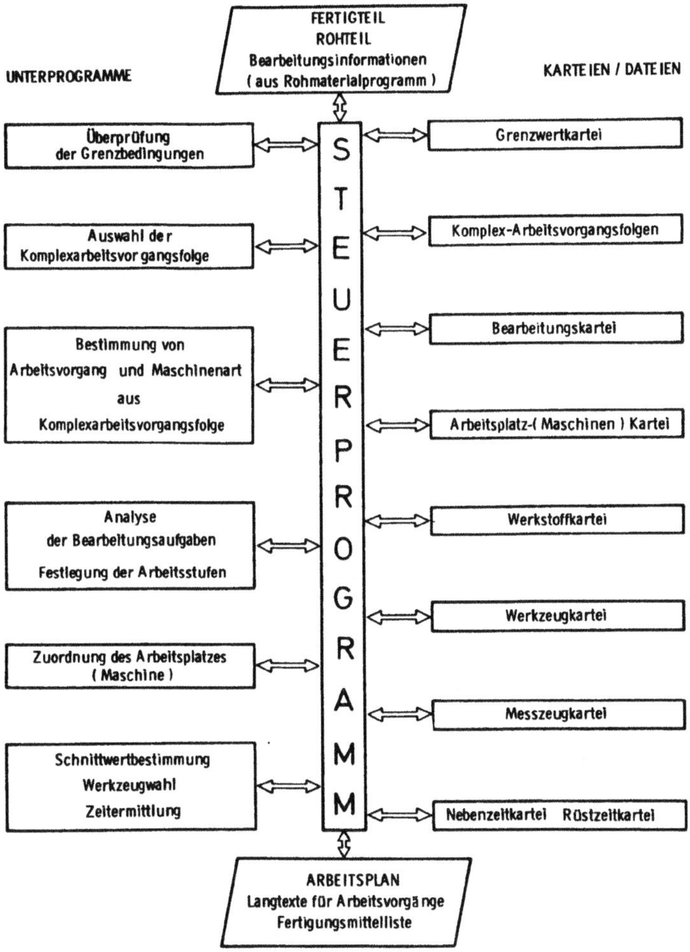

Bild 38: Aufbau des Arbeitsplanerstellungsprogramms

Die Komplexfolgen im Programm sind betrieblich spezifiziert. Diese Spezifikation ist vor allem durch den starken Einfluß des Maschinenparks auf die Arbeitsvorgangsfolge und aus Gründen einer wirtschaftlichen Rechnerverarbeitung erforderlich.

Jeder Arbeitsvorgang für ein zu planendes Werkstück wird programmtechnisch durch Abfragen der Komplex-Arbeitsvorgangsfolge über technologische und wirtschaftliche Entscheidungskriterien ermittelt. Die Entscheidungskriterien umfassen auch die Automatisierungsstufen der Verfahren, so daß nach dem Durchlauf des entsprechenden Algorithmus der Arbeitsvorgang und die Maschinenart, z.B. die Maschinenart Revolverdrehmaschine, festliegen.
Sobald ein Arbeitsvorgang bestimmt ist, schließt sich die Erarbeitung aller zu diesem Arbeitsvorgang gehörenden Daten direkt an. Aus einer Analyse der Bearbeitungsaufgaben, die insgesamt für ein Werkstück an einem Arbeitsplatz auszuführen sind, werden die erforderlichen Arbeitsstufen abgeleitet. Bei Arbeitsvorgängen an Arbeitsplätzen, bei denen mehrere Verfahren an der Bearbeitung beteiligt sind, z.B. an Drehmaschinen, ist die Bestimmung der Arbeitsstufen sehr aufwendig.

Die Bearbeitungsaufgaben für jedes einzelne Verfahren müssen eindeutig qualitativ und quantitativ abgegrenzt werden.

Das Spektrum der Bearbeitungsanforderungen liegt nach der Arbeitsstufenanalyse vor, so daß die Zuordnung des Arbeitsplatzes erfolgen kann. Die konkret zugeordneten Maschinen sind wiederum Voraussetzung für die Bestimmung der Schnittwerte, die Auswahl der Werkzeuge und Meßzeuge sowie der Vorgabezeitberechnung.

Nach diesen Arbeitsschritten sind alle für den einzelnen Arbeitsvorgang erforderlichen Daten bekannt, und der Endzustand kann an den nächsten Programmabschnitt übergeben werden. Der komplette Arbeitsplan ergibt sich schließlich durch Abarbeitung der gesamten Komplex-Arbeitsvorgangsfolge.

Die Arbeitsplanausgabe ist im Detail nach Form und Inhalt den Forderungen des einzelnen Unternehmens anzupassen. Sie umfaßt im detaillierten Fall den Arbeitsplan, die Langtexte je Arbeitsvorgang und entsprechende Fertigungsmittellisten.

4.4.2 Arbeitsvorgangsfolgeermittlung

Die Arbeitsvorgangsfolge ist eine der wesentlichen Informationen im Arbeitsplan. Sie stellt die Reihenfolge der Arbeitsvorgänge dar, durch die ein Stoff oder Körper über schrittweises Verändern der Form und/oder der Stoffeigenschaften von einem Rohzustand in einen Fertigzustand überführt wird.

Die Ermittlung der Arbeitsvorgangsfolge ist durch die vielfältigen Lösungsmöglichkeiten einerseits und den vorgegebenen Maschinenpark des Unternehmens andererseits besonders problematisch.
Als Beispiel für die verschiedenen Lösungsmöglichkeiten ist in Bild 39 das Ergebnis einer Untersuchung dargestellt, bei

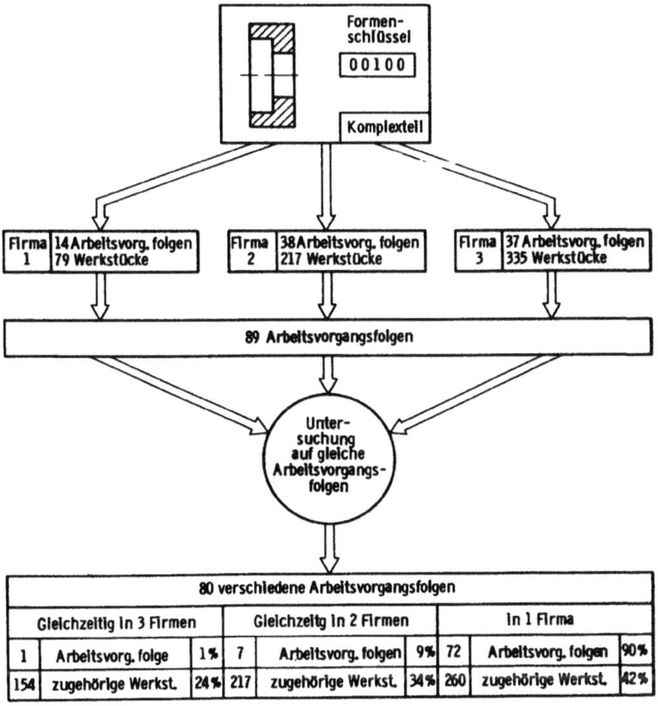

Bild 39: Verschiedenartigkeit der Arbeitsvorgangsfolgen in drei Firmen

der ein Vergleich von Arbeitsvorgangsfolgen für formähnliche Teile einer Größenklasse in drei Firmen durchgeführt wurde.

Die Werkstücke werden in den drei Firmen mit insgesamt 89 Arbeitsvorgangsfolgen hergestellt, wobei 80 Arbeitsvorgangsfolgen verschieden sind. In allen drei Firmen kommt gleichzeitig nur eine einzige Folge vor, in zwei Firmen treten gleichzeitig 7 Folgen auf. 72 der 80 Arbeitsvorgangsfolgen, das entspricht 80 %, sind auf das einzelne Unternehmen bezogen.

Das Ergebnis zeigt, wieviele Lösungen bei vergleichbarem Teilespektrum möglich sind. Bei komplizierteren Werkstücken ist die Vielfalt erheblich größer. Daraus ergibt sich für die maschinelle Arbeitsvorgangsfolgeermittlung, daß es kaum möglich ist, über statistische Erfassungen von betrieblichen Arbeitsplänen eine allgemeingültige optimale Programmlogik aufzubauen. Vielmehr müssen technologische und wirtschaftliche Algorithmen gefunden werden, aus denen optimale Arbeitsvorgangsfolgen synthetisch ermittelt werden können. Die Anpassung an die betrieblichen Gegebenheiten muß in einem weiteren Schritt erfolgen.

Die charakteristischen Bedingungen zur Arbeitsvorgangsfolgebestimmung sind in Bild 40 zusammengestellt. Reihenfolgebedingungen beziehen sich dabei auf die logischen Abhängigkeiten einzelner Ablaufelemente untereinander und leiten sich aus der Werkstückgeometrie, den Verfahren, der Konfiguration der Maschinenarten und dem organisatorischen Ablauf ab. Grenzbedingungen schränken den Einsatzbereich der einzelnen Ablaufelemente ein. Sie sind zum einen überbetrieblicher, d.h. grundsätzlicher Natur, zum anderen durch den Betrieb, vor allem durch die vorgegebenen Produktionsbedingungen des Unternehmens, gegeben.

R E I H E N F O L G E B E D I N G U N G E N			
WERKSTÜCKGEOMETRIE	VERFAHREN	MASCHINENART	ORGANISATORISCHER ABLAUF
1. Lagebedingungen z. B. Rotationsfläche vor Nut 2. Bezugsmasse z. B. Fläche vor Bohrung bei Bezugsmass 3. Achslagen z. B. Gemeinsame Bearbeitung wegen zentrischer Lage von Rotationsfl. etc.	1. Folgeoperationen z. B. Bohren vor Gewinde schneiden 2. Folgebeschränkungen z. B. Nach Härten keine spanende Bearbeitung mit definierter Schneidengeometrie 3. Vorbedingungen z. B. Fertige Bearbeitung vor Oberflächenbehandlung etc.	1. Kombination von Verfahren z. B. Universaldrehmaschine: drehen + bohren + Gewinde schneiden 2. Genauigkeitsbereich z. B. Schruppen und Schlichten etc.	1. Auftragsbedingungen z. B. Prüfvorschriften 2. Ablaufbedingungen z. B. Materialeingang Kontrollen 3. Kapazitäts - Nutzungsbedingungen z. B. Vorschruppen auf alten Maschinen etc.

G R E N Z B E D I N G U N G E N			
TECHNOLOGISCHE GRENZEN	WIRTSCHAFTLICHE GRENZEN	BETRIEBLICHER MASCH.PARK	BETRIEBLICHE GRENZEN
z. B. Oberflächengüte beim Brennschneiden $R_t \approx 60$ µm	z. B. Oberflächengüte beim Brennschneiden $R_t \approx f(A, B, \ldots\ldots)$	z. B. Brennschneidgeräte U1, U2...	z. B. Oberflächengüte beim Brennschneiden $R_t \approx 80$ µm

Bild 40: Bedingungen bei der Arbeitsvorgangsfolgeermittlung

Bei der Ermittlung der Arbeitsvorgangsfolge (Bild 41) beginnt man mit einer Werkstückanalyse, ermittelt die zu bearbeitenden Flächenelemente und die geometrischen Reihenfolgebedingungen.

Im nächsten Schritt werden den zu erzeugenden Flächen mögliche Bearbeitungsverfahren unter Berücksichtigung der technologischen Grenzbedingungen zugeordnet. Dazu ist eine Zuordnungsmatrix Fläche - Verfahren erforderlich, die aus den Arbeiten zur Verfahrensnormung aufgebaut werden kann. Als Ergebnis der Zuordnung liegen je Flächenelement alternativ mögliche Bearbeitungsverfahren vor, die durch die Verfahrensfolgebedingungen bereits zu Teilabläufen verdichtet werden können.
Besonders von Einfluß ist bei der Arbeitsvorgangsfolgeermittlung die Verfahrenskombination der Maschinen, vor allem der Universalmaschinen. Hierdurch lassen sich mehrere Bearbeitungs-

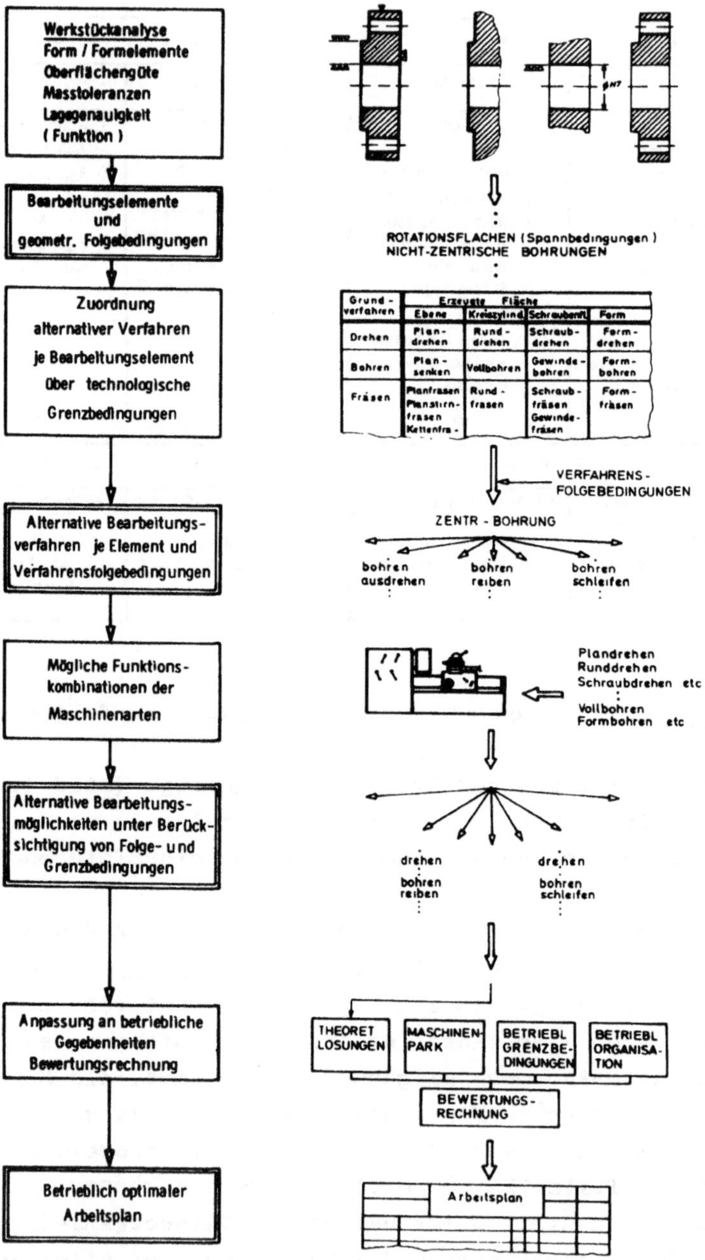

Bild 41: Ermittlung der Arbeitsvorgangsfolge

aufgaben an einer Maschine ausführen, was insbesondere für die Bearbeitung von lagegenauen und tolerierten Flächenelementen von Bedeutung ist.
Aus den durchgeführten Zuordnungen ergeben sich teilweise abhängige, teilweise alternative Bearbeitungsvorgänge, die im nächsten Schritt auf die betrieblichen Gegebenheiten abgestimmt werden müssen. Eine kalkulatorische Bewertung und der Vergleich der möglichen Alternativen führt schließlich zur betrieblich optimalen Arbeitsvorgangsfolge.

Der dargestellte Ablauf läßt den großen Aufwand erkennen, der bei der synthetischen Ermittlung der Arbeitsvorgangsfolge zu bewältigen ist. Eine genauere Betrachtung der Synthese zeigt jedoch, daß bei jedem Werkstück eine große Zahl sich wiederholender Entscheidungen getroffen wird, deren Ergebnis immer wieder gleich ausfällt.

Dabei handelt es sich häufig um Grundsatzentscheidungen. Auch die Verfahrenskombinationen der am Markt bekannten Maschinen unterliegen kaum Veränderungen und damit auch die im betrieblichen Maschinenpark vorhandenen Maschinenarten.
Aus diesen Gründen erscheint es zweckmäßig, die synthetische Ermittlung der Arbeitsvorgangsfolge nicht für jedes einzelne Werkstück, sondern für eine ganze Werkstückgruppe, vertreten durch ein Komplexteil, durchzuführen und das Ergebnis in einer Komplexarbeitsvorgangsfolge festzuhalten. Diese Komplexfolge enthält alle sinnvollen alternativen Bearbeitungsmöglichkeiten für jedes reelle Teil dieser Gruppe. Ein besonderer Vorteil der Komplexfolge liegt darin, daß die organisatorischen Ablaufbedingungen, die sich in der Regel nicht vom Werkstück ableiten lassen, an den entsprechenden Stellen im Ablauf eingebaut werden können.

Bild 42 zeigt den prinzipiellen Aufbau einer Komplexarbeitsvorgangsfolge, die hierarchisch in die Arbeitsverfahrensgruppen, die Arbeitsverfahren und schließlich die Arbeitsvor-

ARBEITS-VERFAHR-GRUPPE		ARBEITSVERFAHREN		ARBEITSVORGANG / TEILARBEITSVORGANGSFOLGE	MASCH. ART
MATERIAL-EINGANG	05	MATERIAL-ANLIEFERUNG	051	MATERIAL-ANLIEFERUNG	- - -
VORBEARBEITUNG	10	Werkstoffkontrolle	101	Werkstoffkontrolle	91 -
	15	Rohteiltrennung	151	Brennen	23 -
			152	Sägen	352
	20	Richten	201	Richten	97 -
	25	Glühen	251	Glühen	75 -
HAUPTBEARBEITUNG INCLUSIVE WARMBEHANDLUNG	40	Einsetzen	401	Einsetzen	73 -
	45	Drehen	451	Drehen zum Schleifen	301
			452	Drehen zum Honen	301
			453	Drehen	301
	50	Bohren	501	Bohren in Vorrichtung	311
			502	Anzeichnen zum Bohren	95 -
				Bohren	311
FEIN-BEARBEITG.	85	Flachschleifen	851	Flachschleifen	43 -
	90	Rundschleifen	901	Rundschleifen	41 -
OBERFLA-CHEN BEHANDLG.	95	Konservieren	951	Konservieren	74 -
	100	Streichen	1001	Streichen	78 -
MATERIAL-AUSGANG	105	Kontrolle	1051	Kontrolle	95 -
	110	Abliefern	1101	Abliefern	- - -

Bild 42: Komplex-Arbeitsvorgangsfolge

gänge gegliedert ist. Bedingt ist diese hierarchische Abhängigkeit dadurch, daß ein Teil der Bearbeitungsverfahren in jeder Stufe wiederholt auftreten kann.
Die Arbeitsverfahren und die zugehörigen Arbeitsvorgänge können jeweils alternativ oder additiv für ein Werkstück herangezogen werden. Dadurch wird der Aufbau der Komplexfolge sehr flexibel gestaltet, ohne daß die Verarbeitung besondere Schwierigkeiten bereitet.

Die Arbeitsvorgänge sind aufgrund ihrer Definition direkt mit der Angabe der Arbeitsplatz- oder Maschinenart verbunden. Dadurch wird der Einfluß der Maschine auf die Arbeitsvorgangsfolge berücksichtigt, ohne im Detail bereits eine Maschinenzuordnung durchzuführen.

In der Spalte der Arbeitsvorgänge können auch Teilarbeitsvorgangsfolgen auftreten. Unter der Nr. 502 in Bild 42 findet sich beispielsweise die Teilfolge "Anzeichnen zum Bohren" - "Bohren", die dem Vorgang 501 "Bohren in Vorrichtung" alternativ gegenübersteht. Hier wird bereits deutlich, daß dem einzelnen Arbeitsvorgang ein bestimmter Bearbeitungsumfang, bezeichnet als Arbeitsinhalt zugrunde liegt.

Die Begründung für die eindeutige Angabe des Arbeitsinhaltes soll anhand des Bildes 43 erläutert werden. Über das Fertigteil, das Rohteil und die in den einzelnen Arbeitsvorgängen abgewickelten Bearbeitungsaufgaben läßt sich der Ausgangszustand jedes weiteren Arbeitsvorganges generieren. Der Endzustand eines Arbeitsvorganges wird durch den Arbeitsvorgangstext in Verbindung mit der Zeichnung festgelegt. Er muß deshalb die Abgrenzung der Bearbeitungsaufgabe gegen die in späteren Arbeitsvorgängen auszuführenden Bearbeitungsaufgaben enthalten. Probleme bei der Abgrenzung des Arbeitsinhaltes ergeben sich nur in besonderen Fällen, wie z.B. bei der Angabe "Drehen zum Schleifen". Beim Aufbau einer Systematik zur Arbeitsvorgangsbeschreibung müssen diese Probleme berücksichtigt werden [18]

Die programmtechnische Verarbeitung der Komplexarbeitsvorgangsfolgen ist über logische Entscheidungen und mit Hilfe der Unterprogrammtechnik möglich (Bild 44)

Erweist sich aufgrund der Entscheidungskriterien ein Arbeitsverfahren in der Arbeitsverfahrensfolge zur Herstellung eines

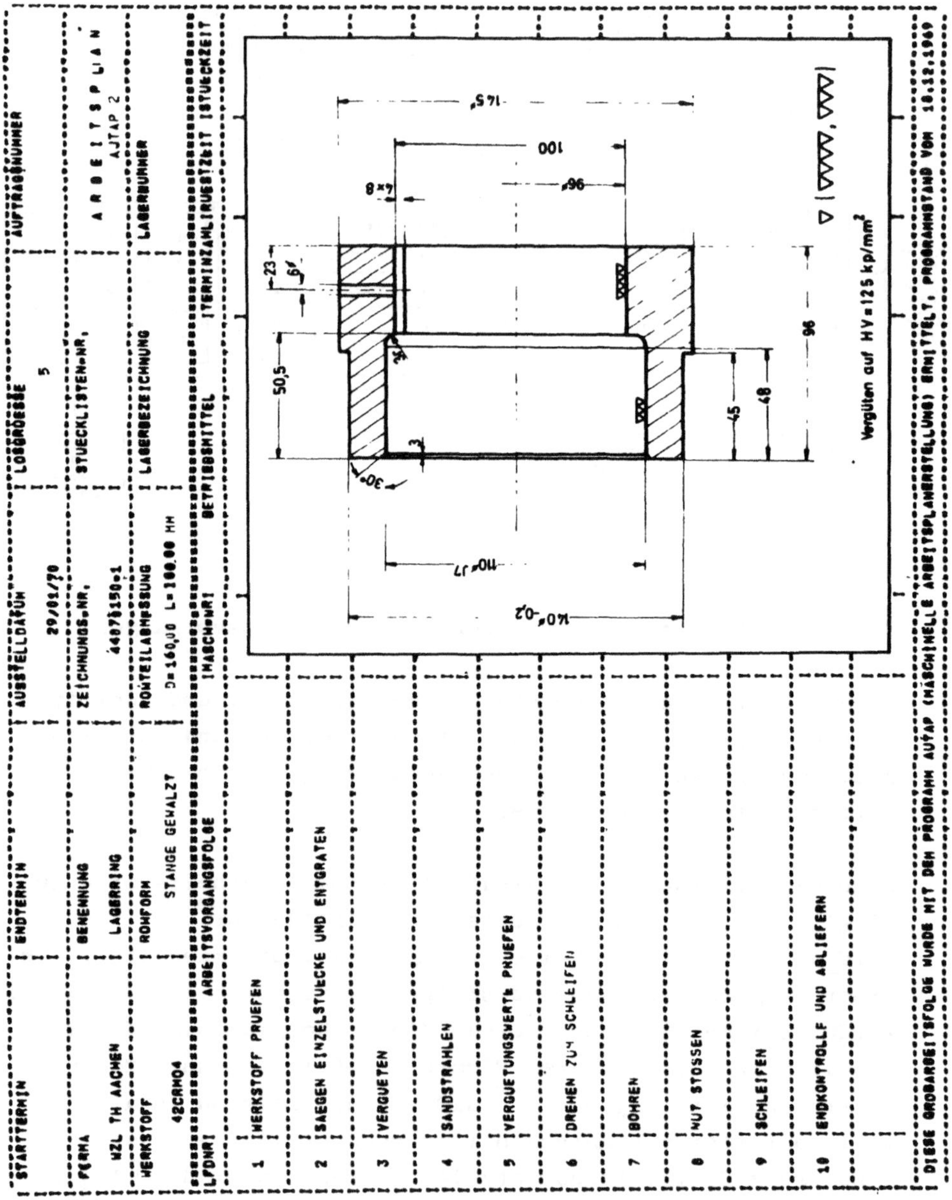

Bild 45: Maschinell ermittelte Arbeitsvorgangsfolge

Für den Einsatz im Unternehmen können die analytisch ermittelten Komplexfolgen angepaßt und um die organisatorisch bedingten Arbeitsvorgänge erweitert werden.

Ein besonderes Problem bei der Arbeitsvorgangsfolgeermittlung bildet die Entscheidung über den Einsatz von Vorrichtungen. Die Lösung dieser Aufgabe im Rahmen der automatischen Arbeitsplanerstellung bedeutet gleichzeitig die Automatisierung des Vorrichtungseinsatzes.

4.4.3 Vorrichtungseinsatz

Vorrichtungen sind Betriebsmittel, die üblicherweise die Fertigung von Produkten rationeller gestalten sollen, bzw. teilweise die Fertigung überhaupt erst ermöglichen.

Ihre wesentlichen Vorteile bestehen in

- der Verkürzung der Fertigungszeiten, vor allem der Nebenzeiten,
- einer besseren Maschinenausnutzung,
- einer Arbeitserleichterung und
- einer genaueren Fertigung mit verringertem Ausschuß und Gewährleistung der Austauschbarkeit.

Diese Vorteile sind in der Einzel- und Kleinserienfertigung durch die geringen Stückzahlen bei Verwendung von Spezialvorrichtungen kaum zu nutzen.

Für den wirtschaftlichen Einsatz bieten sich, wie die Einteilung in Bild 46 zeigt, universelle Vorrichtungen, wie Standard- und Baukastenvorrichtungen, an. Standardvorrichtungen eignen sich besonders für die Vielzahl der Werkstücke ähnlicher Form, vor allem bei Rotationsteilen, wie Scheiben, Deckeln, Flanschen usw.

BAUART	ANWENDUNGSBEREICH
Spezial-Vorrichtungen	Grosserien- und Massenfertigung (Komplizierte Teile,die nicht mit Standardvorrichtungen gefertigt werden können)
Standard-Vorrichtungen	
a.) Vorrichtungsgrundkörper	Grosserien- und Massenfertigung
b.) Mehrzweck-Grundkörper	Kleinserien-, Grosserien- und Massenfertigung
c.) Mehrzweck Einstellvorrichtungen	Kleinserien-, Grosserien- und Massenfertigung
Baukasten-Vorrichtungen	Nullserien-, Kleinserienfertigung (Komplizierte Teile,die nicht mit Standardvorrichtungen gefertigt werden können) .

Bild 46: Bauart und Anwendungsbereich von Vorrichtungen

Baukastenvorrichtungen werden aus Bauelementen zusammengesetzt und können der jeweiligen Werkstückform angepaßt werden. Eine Wiederverwendung der Bauelemente ist über einen längeren Zeitraum gesichert.

Im Zusammenspiel mit der automatischen Arbeitsplanerstellung können durch den maschinell geplanten Einsatz von Standard- und Baukastenvorrichtungen Rationalisierungserfolge erzielt werden.
In das Arbeitsplanerstellungsprogramm wird die Entscheidung für die wirtschaftliche Verwendung von Vorrichtungen eingebaut. Eine spezielle Konstruktionslogik ermittelt für ein bestimmtes Werkstück die Bearbeitungsaufgaben und die notwendigen Bauelemente der Vorrichtung. Als Ergebnis werden die Stückliste und eine entsprechende Prinzipskizze für die Montage ausgegeben.
Die Realisierung dieses Zieles setzt die Lösung zweier Aufgaben voraus:

1. Die Entwicklung eines Baukastens bzw. ergänzender Elemente zu handelsüblichen Baukästen für ein komplexes Teilespektrum

2. Die Entwicklung einer Konstruktionslogik, die Bauelemente maschinell zu Vorrichtungen zusammensetzt.

Bild 47 zeigt den verallgemeinerten Ablauf einer Untersuchung, die für eine Gruppe von Rotationsteilen, sogenannten Kurzdrehteilen, zur maschinellen Planung des Vorrichtungseinsatzes durchgeführt wurde. Das ausgewählte Werkstückspektrum wird zunächst auf mögliche Werkstückgrundformen und Bearbeitungsfälle untersucht und in Komplexgruppen gegliedert. Nach der Analyse der Lösungsmöglichkeiten für die verschiedenen Vorrichtungsfunktionen, wie Lagebestimmung, Spannung etc., wird zunächst das Spannprinzip ausgewählt.

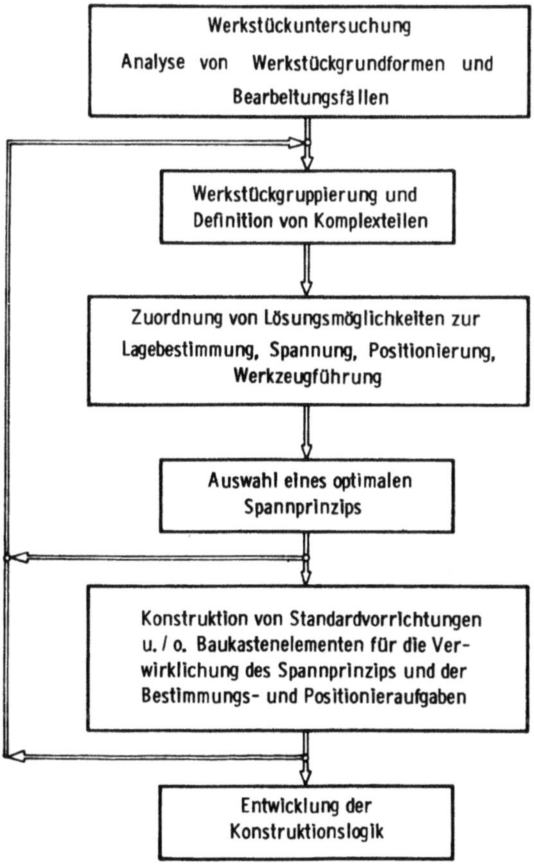

Der Einsatz von Baukastenelementen ist hierbei von Vorteil, da durch die in der Größe gestaffelten Abmessungen der Elemente eine gute Anpassung an das jeweilige Werkstück erfolgen kann. Auch wenn die Verwirklichung des Spannprinzips zu Standardvorrichtungen führt, sind zweckmäßigerweise Auswahlreihen der Baugröße zu bilden und diese in einen Vorrichtungsbaukasten aufzunehmen.
Das gewählte Spannprinzip hat, ebenso wie die endgültige Vorrichtungslösung, Rückwirkungen auf das Komplexteil. So ist anhand der fertigen Lösung zu prüfen, ob alle am Komplexteil vorgesehenen Bearbeitungsaufgaben erfüllt werden können.

Zur Nutzung des Baukastensystems muß eine Konstruktionslogik entwickelt werden. Sie umfaßt die Analyse der Bearbeitungsaufgaben des Realteiles, die Auswahl und die größenmäßige Bestimmung der Standardvorrichtung und der Bauelemente sowie die Lage- und Stabilitätsprüfungen für alle Bearbeitungsfälle

Bild 48 zeigt am Beispiel eines Kurzdrehteilespektrums den prinzipiellen Ablauf der Logik. Die Werkstückuntersuchung ergab als Bearbeitungsaufgaben hauptsächlich radiale und axiale Durchgangs- oder Sacklochbohrungen. Als Spannprinzip wurde das Dreibackenfutter gewählt und eine Teileinrichtung, die vor allem für radiale Bohrungen nötig ist, vorgesehen.

In den Baukasten wurden weiterhin Kippmöglichkeiten und in zwei Richtungen verstellbare Bohrbuchsenträger aufgenommen.

Im Programmablauf wird nach dem Einlesen der Werkstück- und Vorrichtungsdaten als erstes das Spannfutter aus dem Katalog ausgewählt, nachdem die möglichen Spanndurchmesser bestimmt sind. Für alle Einspannfälle sind geometrische Prüfungen der Bearbeitbarkeit und Berechnungen der Einspannstabilität durchzuführen. Nach der Zuordnung der weiteren Bauelemente wird eine Bearbeitungsliste ausgegeben, die jede einzelne

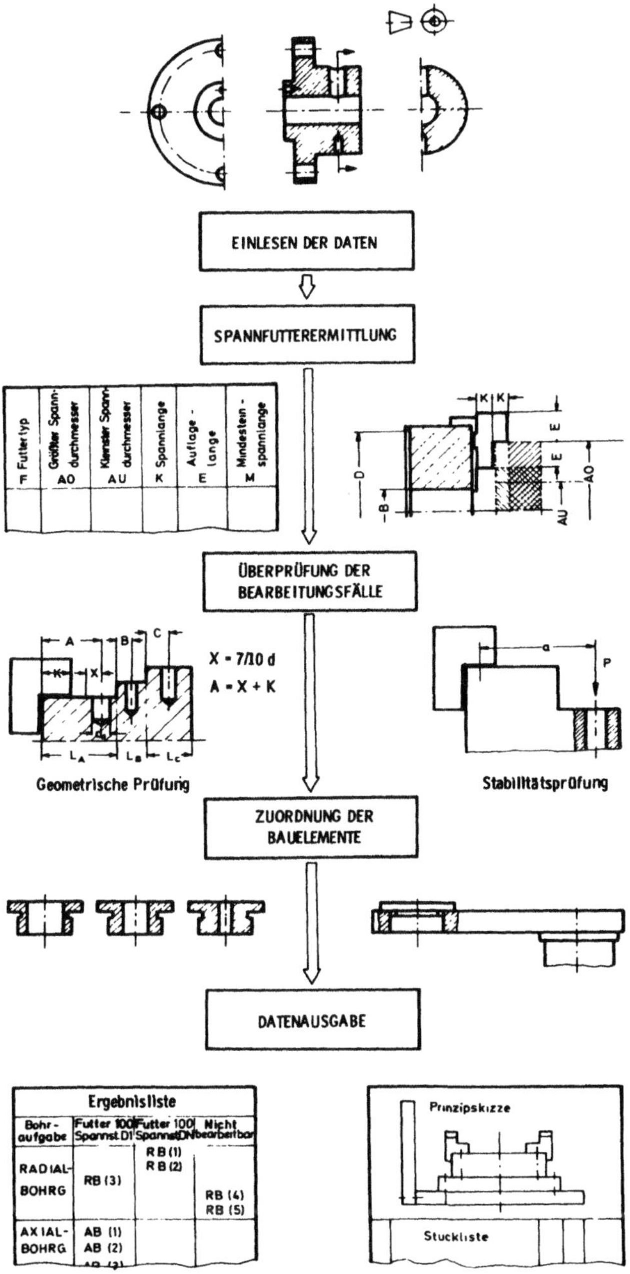

Bild 48: Konstruktionslogik zur Ermittlung von Vorrichtungen

Bearbeitung einer Einspannung zuordnet und nicht in der Vorrichtung bearbeitbare Aufgaben kennzeichnet. Für die Montage der Vorrichtung wird die Stückliste und eine Prinzipskizze bereitgestellt.
Mit dieser Vorgehensweise kann die Vorrichtungsermittlung bei der automatischen Arbeitsplanerstellung berücksichtigt werden.

4.4.4 Bestimmung der Arbeitsstufen

Durch die Arbeitsvorgangsermittlung ist der Gesamtumfang der Bearbeitungsaufgaben an einem Arbeitsplatz vorgegeben. Über den genaueren Arbeitsablauf, gekennzeichnet durch die Arbeitsstufen, werden jedoch keine Aussagen gemacht.
Die Gliederung eines Arbeitsvorganges in Arbeitsstufen ist vornehmlich von den zur Bearbeitung notwendigen Verfahren und Werkzeugen, den Einspannungen sowie den Spannmitteln abhängig. Aus diesem Grunde ist die Analyse zur Ermittlung der Arbeitsstufen gleichzeitig die Voraussetzung zur Maschinenzuordnung.

Die Logik zur Bestimmung der Arbeitsstufen ist für die verschiedenen Arbeitsvorgänge sehr unterschiedlich und vor allem vom Verfahren und von der Maschinenart abhängig. Während z.B. beim "Sägen" oder "Rundschleifen" oder gar bei Handarbeitsgängen nur wenige oder u.U. gar keine Arbeitsstufen notwendig sind, ist bei einigen Maschinenarten, z.B. bei Drehmaschinen, bedingt durch die Kombination mehrerer Bearbeitungsverfahren, die Analyse sehr aufwendig. Die Analysenprogramme sind deshalb teilweise speziell auf eine Maschinenart zugeschnitten. Diese Zusammenhänge sollen am Beispiel der Drehbearbeitung auf Universaldrehmaschinen erläutert werden (Bild 49).

Ausgangsdaten der Analyse sind die Angaben zum Fertigteil, zum Werkstückendzustand des vorhergehenden Arbeitsvorganges

Ausgangsdaten	Fertigteil / Endzustand	Arbeitsvorgangstext
1. Fertigteil 2. Endzustand des vorhergehenden Arbeitsvorganges 3. Arbeitsinhalt des Auszuführenden Arbeitsvorganges	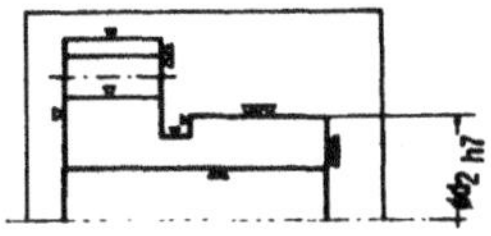	10 | Drehen zum Schleifen ∅ d_2
1 Erzeugung des Endzustandes des Arbeitsvorganges	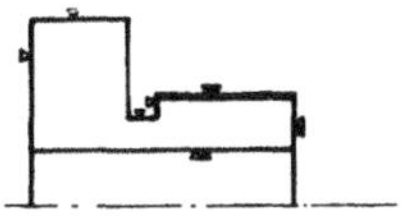	Eliminieren nicht drehbarer Flächenelemente Berechnen der Schleifzugabe Endkontur " Drehen "
2 Analyse von Formelementen Bestimmung formabbildender Werkzeuge für Formelemente	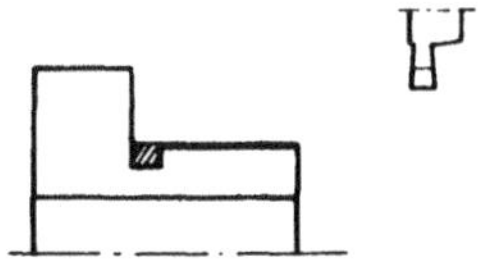	Ermittlung des Bearbeitungsverfahrens Einstechen Bestimmung des Einstechmeissels Endkontur " Schlichten "
3 Analyse der Schlichtbearbeitung Bestimmung der Meisselarten "Schlichten"	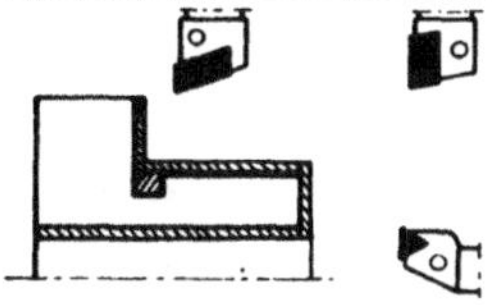	Ermittlung zu schlichtender Flächen Bestimmung der Bearbeitungszugaben Bestimmung der Schlicht-Meisselarten Endkontur " Schruppen "
4 Analyse der Spannmöglichkeiten Bestimmung der Spannmittel	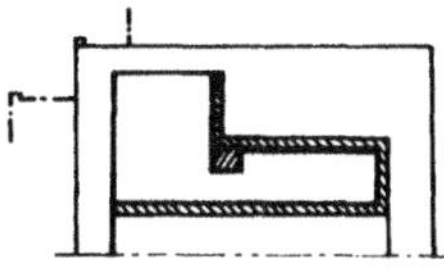	Zuordnung des Rohteiles (Achslage, Abstand Bezugskante) Bestimmung von: Spannflächen, Spannfolge, Spannmittel Konturabgrenzung je Spannung
5 Analyse der Schruppbearbeitung und zugehöriger Folgeoperationen je Spannung Bestimmung der Werkzeuge und Werkzeugarten	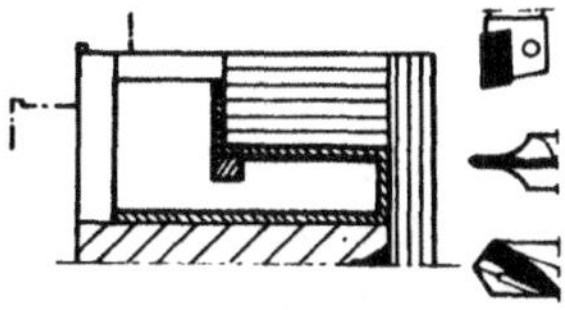	Aufteilung des Schruppbearbeitungsvolumens Folgeoperationen: Zentrieren, Bohren, Schruppen Bearbeitungsrichtungen (Plan, Längs) Konturabgrenzung je Bearbeitung

A N A L Y S E N S T U F E N (↓)

A R B E I T S S T U F E N (↑)

Bild 49: Ermittlung der Arbeitsstufen beim Drehen

und der Arbeitsinhalt des auszuführenden Arbeitsvorganges. Beginnend beim Fertigteil werden nun stufenweise die in Bild 49 dargestellten Analysen durchgeführt, die durch schrittweises Aufteilen des Zerspanungsvolumens und die Zuordnung von Werkzeugen zu den einzelnen Bearbeitungsschritten schließlich in umgekehrter Reihenfolge die Arbeitsstufen ergeben. Da erst die Kombination von Bearbeitungsverfahren und Werkzeug darüber entscheidet, wie ein Bearbeitungsabschnitt auszuführen ist, muß das Analysenprogramm mit der Werkzeugermittlung korrespondieren. Bei formabbildenden Werkzeugen wird bereits während der Arbeitsstufenermittlung das Werkzeug ausgewählt, bei nicht formabbildenden Werkzeugen nur die Werkzeugart.

In einer weiteren Analysensstufe wird das Fertigteil mit dem Rohteil kombiniert, damit die Einspannung ermittelt und das Spannmittel ausgewählt werden kann.

Jede Bearbeitungsstufe und jeder Bearbeitungsschritt ist maßlich genau festzulegen. Für die späteren Schnittwertberechnungen ist dies eine wesentliche Voraussetzung.

Auf spezielle Einzelheiten, z.B. die Bestimmung der Bearbeitungsrichtungen etc., soll hier nicht eingegangen werden. Eine detaillierte Beschreibung für den Drehprozeß ist in [20] gegeben.
Wichtig für den weiteren Ablauf der Arbeitsplanerstellung ist, daß die Anforderungen an die Maschine bzw. den Arbeitsplatz definitiv bekannt sind.

4.4.5 Maschinenzuordnung

Jedem Arbeitsvorgang im Arbeitsplan ist zur Ausführung eine Maschine bzw. ein Arbeitsplatz zuzuordnen. Diese Zuordnung erfolgt mit dem Ziel, die vorhandenen Kapazitäten des Unternehmens optimal zu nutzen.

Eine optimale Nutzung wird erreicht, wenn sowohl die zeitlichen als auch die technischen Kapazitäten ausgelastet sind. Die Nutzung der zeitlichen Kapazitäten, d.h. der zur Verfügung stehenden Bereitschaftszeit, ist vom Auftragsvolumen und vom Termin abhängig und mit der Termin- und Kapazitätsplanung verknüpft.
Bei der Arbeitsplanerstellung ist deshalb zunächst von der Annahme freier Kapazitäten auszugehen und dem zu bearbeitenden Werkstück die technisch optimale Maschine zuzuordnen. Dabei korrespondieren die Daten des Werkstückes mit den Daten der Maschine (Bild 50).

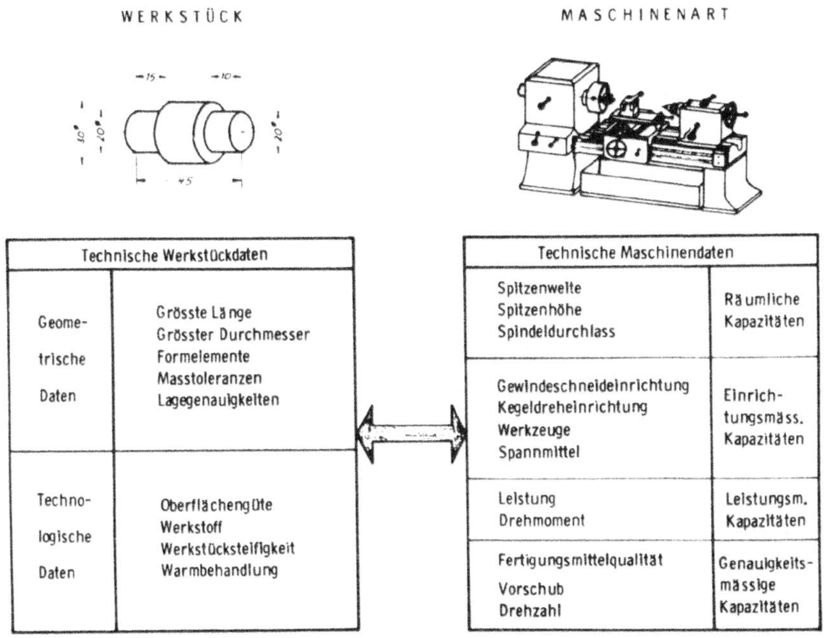

Bild 50: Korrespondierende Daten bei der Zuordnung von Werkstück und Maschine

Um eine Zuordnung der Werkstücke zu den Maschinen nach den Kriterien der technischen Auslastung durchführen zu können, sind zwei Voraussetzungen zu erfüllen:

- die genaue Bestimmung der Bearbeitungsanforderungen des Werkstücks und

- die Kenntnis der Bearbeitungsmöglichkeiten der Maschine.

Die Anforderungen des Werkstückes an die Maschine sind durch die Bearbeitungsanalysen zur Arbeitsvorgangs- und Arbeitsstufenermittlung bekannt und definiert. Zur Kenntnis der Bearbeitungsmöglichkeiten der Maschinen müssen diese selbst beschrieben werden. Eine solche Beschreibung muß gleichzeitig alle Informationen beinhalten, die über eine eindeutige Maschinenzuordnung hinaus für die Werkzeugbestimmung sowie die Schnittwert- und Zeitberechnung erforderlich sind. Zweckmäßig erfolgt eine Maschinenbeschreibung durch eine Codierung der Maschinenarten und -einrichtungen sowie durch die Angabe ihrer charakteristischen Daten, wie Arbeitsraumabmessungen, Genauigkeiten, Leistung, Drehzahlen etc.. Zu der sachabhängigen Beschreibung können Angaben über Einsatzbeschränkungen treten, wenn eine Maschine z.B. nur für "Schlichtbearbeitung" zugelassen ist.

Bild 51 zeigt beispielhaft die zur Beschreibung einer Universaldrehmaschine erforderlichen Daten. Während die ersten beiden Karten detaillierte Angaben über die Maschine selbst machen, sind in einer weiteren die für diese Maschine geeigneten Werkstückspannmittel, Werkzeugspannmittel und Sonderausrüstungen enthalten.

Spannmittel und Sondereinrichtungen müssen für eine Zuordnung ebenfalls mit ihren charakteristischen Daten beschrieben werden. Der Maschinenpark ist durch Stillegung alter oder Inbetriebnahme neuer Maschinen ständigen Veränderungen unterworfen. Eine regelmäßige Wartung des Datensatzes ist deshalb unbedingt erforderlich. Die Wartung bezieht sich vor allem auch auf die mit der Zeit veränderlichen Maschinendaten wie Genauigkeit, Einsatzbeschränkungen oder Kostenwerte.

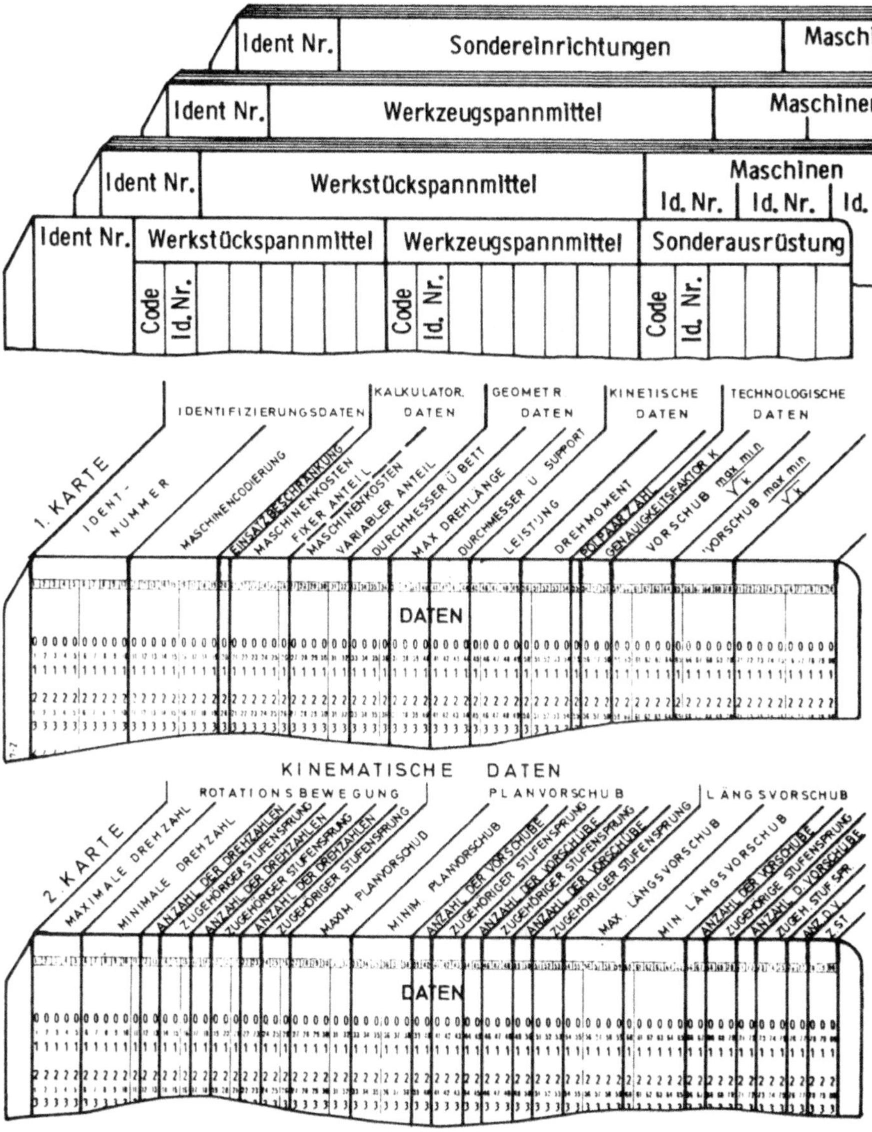

<u>Bild.51</u>: Ablochbeispiel für Maschinendaten

Zur Codie... ng der Maschinenarten reichen drei Stellen aus, die dezimal miteinander verknüpt sind (Bild 52)[21] . An diese drei Stellen schließen sich die charakteristischen Maschinendaten an, die je nach Maschinenart von unterschiedlichem Umfang sein können.

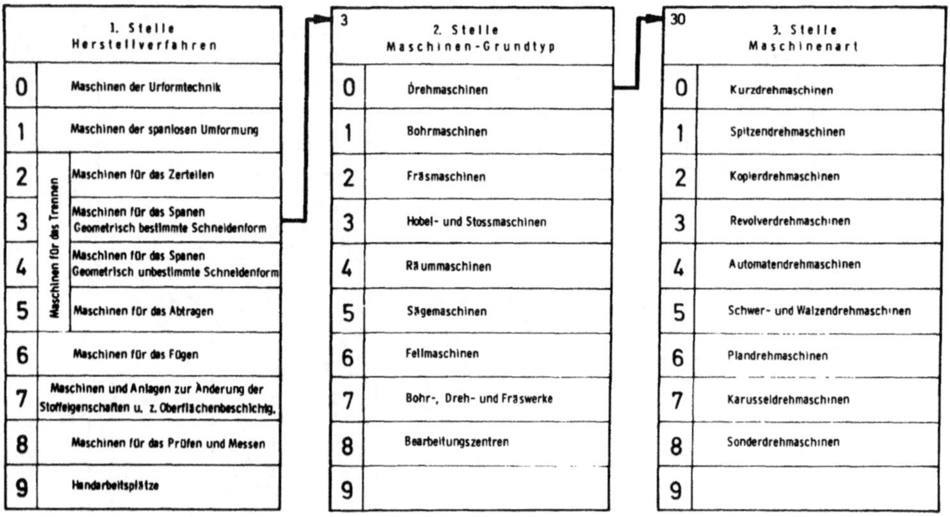

Bild 52: Maschinencodierung

Für die Zuordnungsmethode Werkstück - Maschine ist die Frage nach der erforderlichen Genauigkeit der Zuordnung zu diskutieren.

Bei einer exakten technischen Optimierung der Maschinenauswahl ist zu beachten, daß Werkstück, Werkzeug und Maschine ein Wirksystem bilden, bei dem sich die einzelnen Parameter wechselseitig beeinflussen [22, 23] . Eine Optimierungsrechnung unter Berücksichtigung der gegenseitigen Beeinflussungen ist auf jeden Fall mit großem Rechenaufwand verbunden und zudem nur langfristig zu realisieren, da eine Vielzahl technischer Probleme, wie z.B. Werkstück- und Einspannsteifigkeiten, noch weitgehend ungelöst sind. Diese aufwendige Optimierungsrechnung wird auch nur in Sonderfällen wirtschaftlich sein, da das Gesamtoptimum durch die zeitliche Auslastung und organisatorische Einflüsse erheblich beeinflußt wird.

Im vorliegenden Arbeitsplanerstellungsprogramm wird die Maschinenauswahl durch eine Näherungslösung verwirklicht, die für die Vielzahl der konventionellen Maschinen von ausreichender Genauigkeit ist. Die Zuordnung erfolgt dabei - wegen der Notwendigkeit der Problemlinearisierung - stufenweise. Bereits im Rahmen der Arbeitsvorgangsermittlung wird die Maschinenart bestimmt, mit der gleichzeitig die Normalausrüstung bekannt ist. Über die Mindestanforderungen an Raum, Einrichtung und Genauigkeit wird aus der nach aufsteigenden Größen geordneten Maschinenkartei die Maschine ausgewählt, die die Anforderungen als erste erfüllt.

Nach der Zuordnung zu einer bestimmten Maschine, unter der Annahme freier Kapazitäten, ist jedoch bei der Weiterverarbeitung der Arbeitspläne in der Termin- und Kapazitätsplanung mit Schwierigkeiten zu rechnen; da es häufig bei der Maschinenbelegung nicht gelingt, ungleichmäßige Belastungen allein durch zeitliche Verschiebungen im Rahmen der gegebenen Puffer auszugleichen. In einem solchen Falle muß auf andere Maschinen ausgewichen werden (Bild 53).

Gerade durch eine optimale Maschinenzuordnung ist eine Aktualisierung dieses Problems zu erwarten. Aus umfangreichen Untersuchungen im Rahmen der Werkstücksystematik ist bekannt, daß die Maschinen in den Unternehmen der Einzel- und Kleinserienfertigung den Werkstücken nicht genügend angepaßt und überwiegend überdimensioniert sind [24] . Bei der Auswahl der Maschinen nach den Kriterien einer optimalen technischen Ausnutzung werden daher wenige optimale Maschinen für eine große Zahl von Bearbeitungsfällen bestimmt. Diese wenigen Maschinen werden dadurch zeitlich überbelegt.

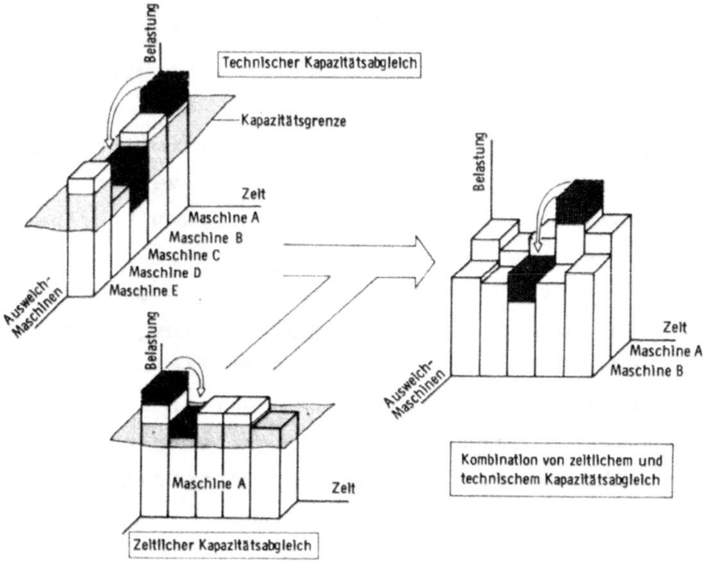

Bild 53: Zeitlicher und technischer Kapazitätsabgleich

Während gerade dieses Ergebnis für die langfristige Investitionsplanung von Interesse ist, muß für die kurz- und mittelfristige Maschinenbelegung eine Ausweichplanung durchgeführt werden.

Bei einer Ausweichplanung ist ein Gesamtoptimum aus zeitlichem und technischem Abgleich zu finden. Dabei hat der zeitliche Abgleich Priorität vor dem technischen, da bei der Verlagerung auf Ausweichmaschinen auf jeden Fall die technische Auslastung verschlechtert wird, u.U. aber auch größere Bearbeitungszeiten entstehen können. Die Lösung dieser Aufgabe muß gleichzeitig mit der Maschinenbelegung erfolgen; dazu ist allerdings die Angabe möglicher Ausweichmaschinen im Arbeitsplan und ein Optimierungsprogramm erforderlich.

In der Praxis bevorzugt man jedoch die flexiblere Lösung dieses Problems durch die Bildung von Kapazitätsgruppen, innerhalb derer ein Ausgleich zulässig ist. Der Vorteil besteht darin, daß

- die Anpassung von Arbeitsaufgaben an Ausbildung, Fähigkeiten und Kapazität des Maschinenbedienungspersonals möglich ist und

- kurzfristige Veränderungen ohne großen Rechenaufwand ausgeglichen werden können.

Nachteilig ist dabei, daß dann keine genaue Vorgabezeit vorliegt. Prinzipiell müssen nach Auswahl der Maschine alle theoretisch berechneten Schnittwerte über die Maschineneinstelldaten rückgerechnet werden, um die exakte Zeit zu erhalten. Der quantitative Einfluß dieser Rückrechnung ist allerdings in den meisten Fällen gering. Darüber hinaus ist die Bestimmung der technologischen Werte, auf denen die Zuordnung beruht, mit Genauigkeiten behaftet. Es sei nur auf die großen Streuungen der Schnittwerte und auf die beschränkte Genauigkeit der Neben- und Rüstzeiten hingewiesen. Bei zeitintensiven Bearbeitungen auf Maschinen ohne stufenlose Regelung kann eine Rückrechnung jedoch von Bedeutung sein.

Für die Vielzahl der konventionellen Maschinen scheint es sinnvoll, Kapazitätsgruppen technologisch gleichartiger Maschinen zu bilden, innerhalb derer ein Ausweichen erlaubt ist. Durch eine sorgfältige Abgrenzung der Gruppen besteht die Möglichkeit, den Ausweichbereich innerhalb wirtschaftlich zulässiger Grenzen an die betrieblichen Belange anzupassen. Darüber hinaus können die Zeitabweichungen der verschiedenen Maschinen einer Gruppe untereinander durch Faktoren berücksichtigt werden. Auf eine Rückrechnung der Maschinendaten im Zeitprogramm sollte nicht verzichtet werden, damit in speziellen Fällen, bei denen eine Beeinflussung der Zeit ins Gewicht fällt, eine exakte Vorgabezeitberechnung möglich wird. Voraussetzung ist dann, daß diese Maschinen eine eigene Maschinengruppe bilden.

In den realisierten Teilprogrammen ist aus obigen Gründen die Zuordnung zu Kapazitätsgruppen gewählt.

4.4.6 Schnittwertbestimmung, Werkzeugauswahl und Zeitermittlung

Die Schnittwertbestimmung, die Werkzeugauswahl und die Zeitermittlung werden zweckmäßig zu einem Programmkomplex zusammengefaßt. Die Werkzeuge beeinflussen auf Grund von Schneidstoff, Winkel und Abmessungen die möglichen Schnittwertkombinationen von Vorschub, Schnittgeschwindigkeit und Schnittiefe. Anhand der Schnittwerte kann die Hauptzeit berechnet werden; die Nebenzeiten sind größtenteils wiederum mit der Schnittaufteilung verknüpft.
Für verschiedene Verfahren, z.B. für das Drehen oder Fräsen, ist die Schnittwertbestimmung wegen der Vielzahl der Einflußgrößen relativ kompliziert. Zur mathematischen Formulierung des Verschleißverhaltens von Werkzeugen sind in der Literatur eine Reihe von Lösungsansätzen beschrieben, jedoch bestimmen die aufgestellten Gleichungen die Größe der Schnittwerte nicht allein. So sind Begrenzungen durch Werkstück-, Werkzeug-, Werkstoff- und Maschinenparameter zu berücksichtigen [20] .
Das Schnittwertproblem muß im Grunde für jedes Zerspanverfahren gelöst werden, wobei der Problemumfang recht unterschiedlich ist. Für die Verfahren Drehen, Bohren und Fräsen sind im Rahmen der Entwicklung von Technologieprocessoren zur Programmierung von numerisch gesteuerten Maschinen Schnittwertmodelle entwickelt worden, die für die Anwendung auf konventionellen Maschinen vereinfacht werden können. Auch die hierzu benötigten Karteien, wie Werkstoff- und Werkzeugkarteien, sind im Prinzip übertragbar und bereits beschrieben worden [20, 25] , so daß auf eine Erläuterung verzichtet werden kann.

Auf der Basis der über Schnittwertmodelle ermittelten Schnittwerte läßt sich nach einfachen mathematischen Beziehungen die

Hauptzeit berechnen. Die automatische Berechnung der gesamten Vorgabezeit stellt bei konventionellen Maschinen ein noch ungelöstes Problem dar. Die Methode ist vorwiegend durch das verwendete Zeitverfahren bestimmt.

Die Zeitermittlung kann durch Vorbestimmung oder durch Zeitaufnahme während der Ausführung der Arbeit erfolgen. In der Einzel- und Kleinserienfertigung wird wegen der geringen Stückzahlen und der Notwendigkeit der Planung, z.B. Terminplanung, die Vorbestimmung von Zeiten angewandt. In der Massenfertigung ist eine Vorbestimmung von Zeiten in der Regel mit einer Arbeitsbestgestaltung verknüpft [26,27,28,29].

Die Vorbestimmung der Vorgabezeiten ist durch die Vielzahl der Einflußgrößen besonders problematisch. Neben dem Werkstück, dem Betriebsmittel und den verwendeten Fertigungshilfsmitteln, wie Spannmittel, Werkzeuge, Transport- und Meßmittel, hat vor allem der Zustand des Arbeitsplatzes und das eingesetzte Bedienungspersonal entscheidenden Einfluß auf die Zeit. Damit ist das schwierigste Problem der Vorbestimmung von Zeiten angesprochen: Die Werte im Arbeitsplan beziehen sich auf einen Arbeitsplatzzustand, der praktisch längst verändert sein kann.

Die Massenfertigung umgeht dieses Problem durch die Kopplung der Zeitbestimmung mit einer Arbeitsplatzgestaltung und einer Einarbeitung der Mitarbeiter. In der Einzel- und Kleinserienfertigung muß diese Fehlerquelle durch eine geeignete Organisation so gering wie möglich gehalten werden.
Um zu einer Lösung des Zeitermittlungsproblems im Rahmen der maschinellen Arbeitsplanerstellung zu kommen, sollen die Verfahren und bestehenden Systeme zur Vorgabezeitbestimmung kurz diskutiert werden.

Die Abhängigkeit von Aufwand und Genauigkeitsgrad der Zeitermittlung haben zur Entwicklung verschiedener Zeitsysteme geführt. In Bild 54 sind die wichtigsten bekannten Verfahren

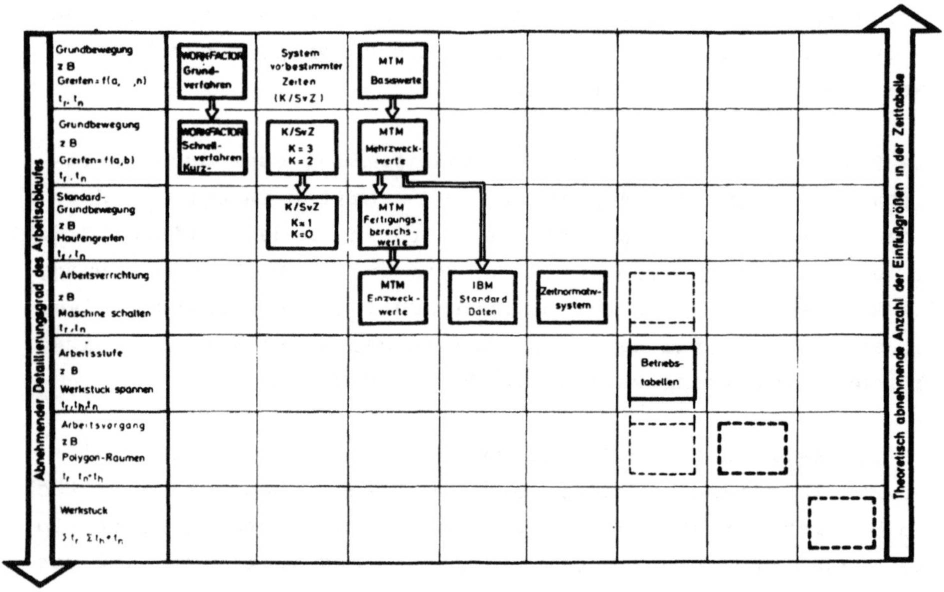

Bild 54: Systematik der Verfahren und Systeme zur Vorbestimmung von Zeiten

in ein Schema gegliedert, das von oben nach unten den abnehmenden Detaillierungsgrad des Arbeitsablaufes, und von unten nach oben die theoretisch abnehmende Anzahl der Einflußgrößen in der Zeittabelle charakterisiert.

Die Anzahl der Einflußgrößen in der Zeittabelle ist bei geringem Detaillierungsgrad des Arbeitsablaufes theoretisch groß, weil die Einflußfaktoren bei einem groben Arbeitsablauf in der Zeittabelle berücksichtigt werden müssen. Praktisch werden jedoch viele Einflußgrößen konstant gesetzt oder vernachlässigt, so daß mit abnehmendem Detaillierungsgrad des Arbeitsablaufes die Genauigkeit der Zeitermittlung abnimmt.

Nach dem Arbeitsablauf lassen sich folgende Verfahren unterscheiden:

1. Die Zeit wird für die gesamte Bearbeitung eines Werkstückes - vom Rohteil bis zum Fertigteil - bestimmt. Sie enthält die Summe der Rüstzeiten und die Summe der Stückzeiten aller Arbeitsvorgänge des Arbeitsplanes. Ein System zur Zeitberechnung auf dieser Basis ist bisher nicht bekannt geworden und scheidet für die weiteren Betrachtungen wegen der allzu großen Vernachlässigungen aus.

2. Die Zeit wird für einen Arbeitsvorgang, z.B. "Polygonräumen" bestimmt. Rüst- und Stückzeit werden getrennt berechnet. Dieses Verfahren wurde bereits in Kapitel 3 zur Ermittlung von Zeitfunktionen im Standardarbeitsplan beschrieben; für die Zeitberechnung im Rahmen des Optimierungsprinzips ist es wegen der globalen Erfassung der Einflußgrößen ungeeignet.

3. Zeitberechnung für eine Arbeitsstufe, z.B. "Werkstück Spannen". Rüstzeiten und Nebenzeiten werden aus Tabellen entnommen. Die Hauptzeit wird aufgrund der Schnittbedingungen mathematisch errechnet. Auf dieser Ebene liegen die meisten Betriebstabellen der Einzel- und Kleinserienfertigung. Sie sind jedoch nicht einheitlich gegliedert und können nicht eindeutig einer Stufe zugeordnet werden.

   Eine Untersuchung von Betriebstabellen verschiedener Unternehmen zeigte, daß eine Anwendung zur automatischen Arbeitsplanerstellung, vor allem wegen der ungleichmäßigen Zeitenstruktur und der Vernachlässigung funktionaler Abhängigkeiten, nicht sinnvoll ist.

4. Zeitberechnung für eine Arbeitsverrichtung, z.B. "Maschine Schalten". Rüst- und Nebenzeiten sind für Arbeitsverrichtungen angegeben. Die Hauptzeiten werden wie bei allen detaillierten Verfahren mathematisch bestimmt. Hierfür sind mehrere Systeme bekannt [28,30,40] . Sie können für die automatische Zeitberechnung aufbereitet werden.

5. Zeitberechnung für Arbeitselemente, wie z.B. "Greifen". Die Kleinstzeitverfahren [27,28,29] werden für die Erfordernisse der Einzel- und Kleinserienfertigung - Vereinfachung der Zeitermittlung - zu Verfahren mit gestufter Genauigkeit und entsprechendem Zeitaufwand ausgebaut. So werden z.B. aus dem WORK-FACTOR-Grundverfahren das WORK-FACTOR-Schnellverfahren und -Kurzverfahren entwickelt.

Die unter Punkt 4 und 5 genannten Verfahren können für die automatische Arbeitsplanerstellung herangezogen werden. Allerdings setzt die Zeitermittlung auf der Basis von Arbeitsverrichtungen oder Arbeitselementen eine über die Arbeitsstufen hinausgehende Detaillierung des Arbeitsablaufes voraus. Bild 55 veranschaulicht die Zeitermittlung auf der Basis von Arbeitsverrichtungszeittabellen am Beispiel eines besonders einfachen Werkstückes, einer Scheibe ohne besondere Genauigkeiten und ohne Wärmebehandlungen. Nach Ermittlung der Arbeitsvorgangsfolge, der Arbeitsstufen und der Maschinenzuordnung ist der Feinarbeitsablauf für mehrere Alternativen aufgeschlüsselt und je Arbeitsverrichtung die Zeit aus den Tabellen bestimmt worden.

Die Gesamtzahl der benötigten Arbeitsverrichtungen beträgt bei diesem Beispiel im Durchschnitt 85, davon entfallen auf die Rüstzeit 35 und auf die Stückzeit 50 Arbeitsverrichtungen.

Bei der Zeitbestimmung je Arbeitsverrichtung sind insgesamt 41 verschiedene Einflußgrößen zu berücksichtigen, die sich auf das Werkstück (10), die Maschine und ihre Ausrüstung (24), die Fertigungshilfsmittel und deren Anwendung (4) sowie den Betrieb mit seiner Organisation (3) beziehen.

Die Zahlen zeigen, welcher Aufwand für die Detaillierung des Ablaufes zur Zeitbestimmung erforderlich ist. Für die maschinelle Planung muß hierzu eine Lösung gefunden werden. Analysiert man die Feinabläufe von Werkstücken, so zeigt sich, daß viele Nebenzeitverrichtungen in einer Abhängigkeit zu Hauptzeitverrichtungen stehen (Bild 56). Anfahr-, Anschnitt-, Zustell-, Rück-

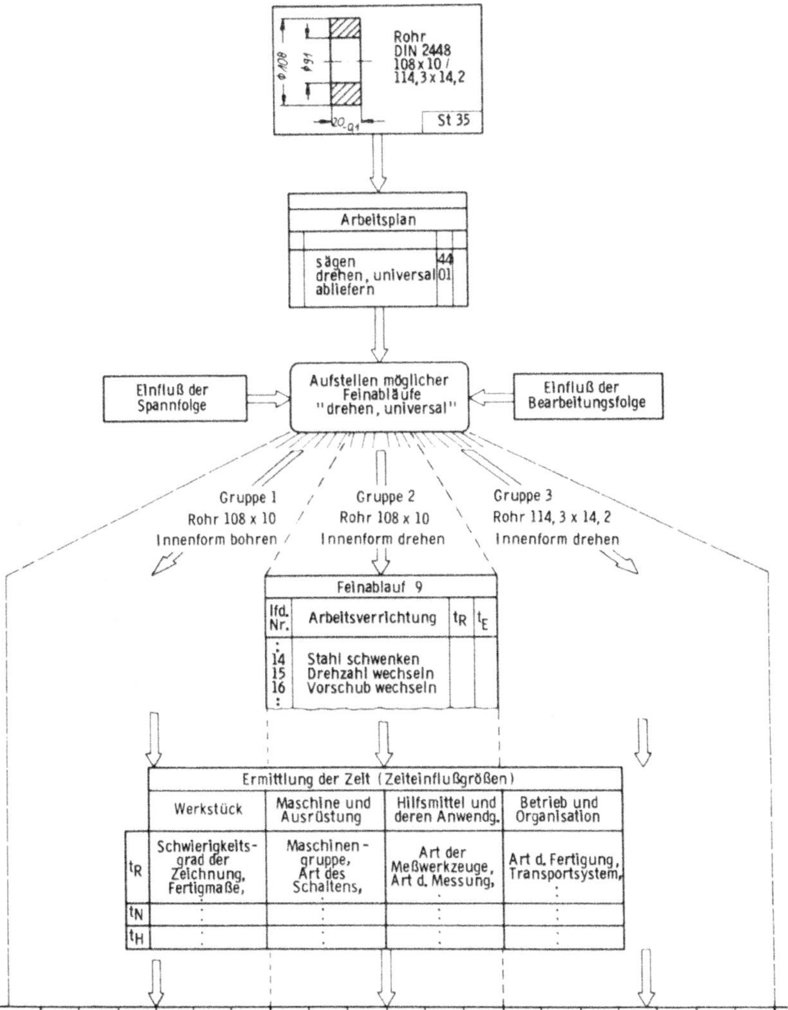

Feinablauf-Nr.	1	2	3	4	5	6	7	8	9	10	11	12	13	14	15	16	17	18	19	Durchschnitt
Rüstzeit	18,18	15,76	15,76	16,32	17,84	17,84	13,25	11,82	11,82	12,39	13,17	14,24	15,12	13,07	14,03	13,07	14,03	14,30	15,82	14,62
Anz.Arb.-V.	51	31	31	38	50	50	34	14	14	21	31	40	42	14	28	14	28	42	47	32,63
Stückzeit	3,59	4,46	4,16	3,67	3,44	3,81	3,86	4,73	4,52	3,88	3,92	3,39	4,56	5,37	5,15	5,53	4,94	4,66	4,10	4,30
Anz.Arb.-V.	39	49	45	38	35	39	50	60	54	49	51	43	59	74	65	70	63	59	51	52,26
Durchschnittliche Gesamtzahl der Arbeitsverrichtungen je Feinablauf: 85																				

Bild 55: Zeitermittlung mit Zeittabellen für Arbeitsverrichtungen

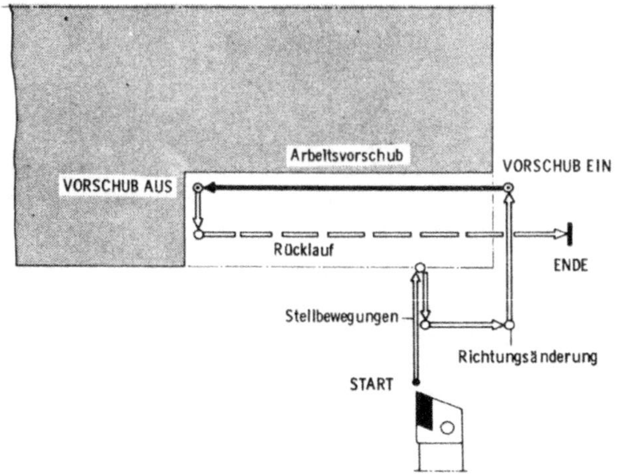

Bild 56: Arbeitsablaufzyklus

laufbewegungen, Schaltvorgänge usw. lassen sich jeweils bestimmten Hauptarbeitsbewegungen, z.B. Schnittbewegungen, zuordnen, so daß komplett ablaufende Zyklen entstehen. Diese Zyklen repräsentieren Feinabläufe und ermöglichen damit gleichzeitig den Zugriff zu Zeittabellen.

Das Zyklusprinzip ist nicht allein auf Schnittbewegungen beschränkt, sondern kann auch auf Spann-, Meß- und Rüstvorgänge übertragen werden. Durch eine Standardisierung der bei den verschiedenen Verfahren vorkommenden typischen Abläufe ist das Prinzip für die automatische Zeitermittlung einsetzbar.

Einen Ausschnitt aus einer Zyklentabelle für Drehvorgänge zeigt Bild 57. Neben der Abgrenzung des Geltungsbereiches eines Zyklus sind die einzelnen Verrichtungen, über die Zeittabellen abgerufen werden können, aufgelistet. In der Spalte "Bemerkungen" können Standardwerte, z.B. für nicht genau vorherbestimmbare Wege, angegeben werden.

Nr.	Geltungsbereich (Grundzyklen)	Graphische Darstellung	Elemente der Zyklen	Bemerkungen
05	Nach Einspannen oder Stahlwechsel oder Messen	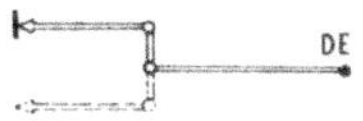	1.) Drehzahl einrücken 2.) WZ-Schlitten v. Hand verschieben 3.) Quersupport verstellen 4.) Längssupport verstellen	3 zusammen mit 4 ; statistische Werte für die Wege als Funktion der Maschinengrösse
10	Vor Ausspannen oder Stahlwechsel oder Messen		1.) WZ-Schlitten v. Hand verschieben 2.) Drehzahl ausrücken	Weg: siehe 05
15	Schruppen, Längsfläche aussen, innen 1. Schnitt	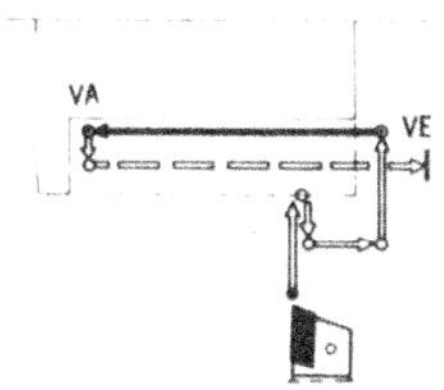	1.) Quersupport herankurbeln 2.) Werkzeug an Werkstück ankratzen 3.) Noniusskala auf Null stellen 4.) Werkzeugschlitten an Werkstück herankurbeln 5.) Stahl nach Skala anstellen (6.) Werkzeugschlitten an Werkstück herankurbeln) 7.) Vorschub einrücken 8.) Vorschub ausrücken 9.) Quersupport zurückkurbeln 10.) Längssupport zurückkurbeln	Statistische Werte : zu 1 : ca. 10 mm 4 : ca. 15 mm 6 : ca. 5 mm 9 : ca. 1 mm 10 : LÜ = L + a + 5 mm L = Schnittlänge a = Spantiefe
20	Schruppen Längsfläche aussen, innen jeder weitere Schnitt	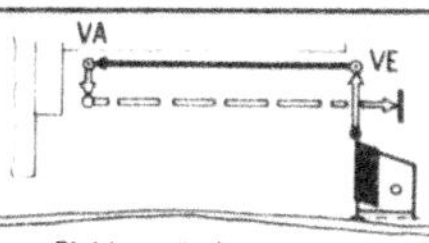	1.) Quersupport nach Skala anstellen 2.) Vorschub einrücken 3.) Vorschub ausrücken 4.) Quersupport zurückkurbeln 5.) Längssupport zurückkurbeln	Statistische Werte : zu 1 : 1 mm + a 4 : 1 mm 5 : LÜ = L + a + 5 mm

• Start ○ Richtungsänderung ⇨ Stellbewegung ⇦ Rücklauf
• Schaltvorgang ǀ Ende ➔ Arbeitsvorschub

Bild 57: Tabelle der Arbeitsablaufzyklen

Die Zuordnung der Zyklen zum Gesamtablauf geht von den Arbeitsstufen, den Schnittwerten und den Werkzeugen aus. Sie läßt sich beispielhaft aus Bild 58 erkennen.

Diese Methode der Zeitermittlung ist unabhängig von dem im Unternehmen verwendeten Zeitsystem. Die Genauigkeit der Werte hängt allerdings in starkem Maße von den eingespeicherten Zeittabellen ab. Eine Ableitung der Werte aus einem genauen Zeitsystem, z.B. einem Kleinstzeitverfahren, ist deshalb zu empfehlen.

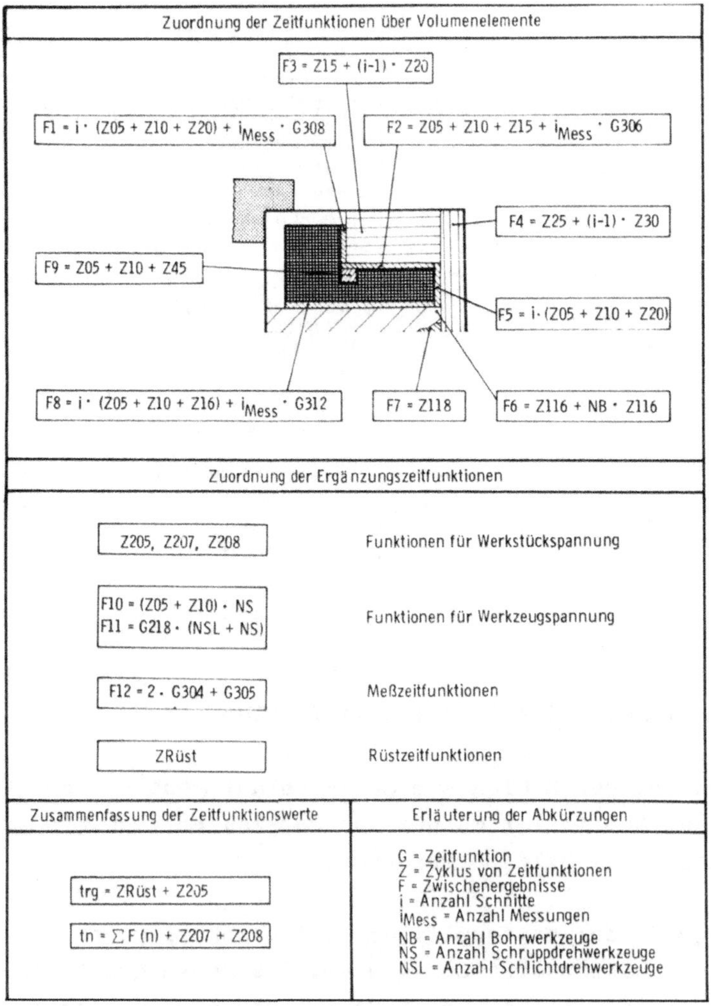

Bild 58: Zuordnung der Zeitfunktionen

Abschließend ist in Bild 59 ein automatisch erstellter Arbeitsplan und in Bild 60 ein Auszug aus dem Detailplan für den Arbeitsvorgang "Drehen" gezeigt, der mit einem im Rahmen dieser

STARTTERMIN	ENDTERMIN	AUSSTELLDATUM 27/04/70	STUECKLISTEN-NR. 963101	AUFTRAGSNUMMER 1156
FIRMA WERKZEUGMASCHINENLABOR	IDENTNUMMER-ARB.-PLAN 99	ARB.-PLAN-ART K-MIN.	LOSGROESSE 5	A R B E I T S P L A N
IDENT-NR. TEIL 111	ZEICHNUNGS-NR. 92.44.80A0178	BENENNUNG BUCHSE	KLASSIF.-NR. 11024300	A U T A P 2
WERKSTOFF C45	ROHFORM STANGE GEWALZT	ROHTEILABMESSUNG D=250.0 L=120.0 MM	ROHGEWICHT 46.2 KG	MATERIAL-IDENT-NR. 11112

LFDNR	ARBEITSVORGANGSBESCHREIBUNG	ARBEITS-PLATZ-NR.	FERTIGUNGSMITTEL	BASIS	RUESTZEIT	STUECKZEIT	ZEIT. VERF.	TERM ZAHL
5	SAEGEN EINZELSTUECK	800	DETAILPLANNR. 4444	1	4,34	6,62	ZN	5
10	DREHEN KOMPLETT	1234	DETAILPLANNR. 4445	1	12,49	42,00	ZN	4
15	ANREISSEN	1900		1	4,00	2,00	ZN	3
20	BOHREN	1969	DETAILPLANNR. 4446	1	6,36	17,30	ZN	2
25	SCHLEIFEN	1618	DETAILPLANNR. 4447	1	1,18	3,45	ZN	1
30	KONTROLLE UND ABLIEFERN	1001						

Bild 59: Maschinell erstellter Arbeitsplan

DETAILPLAN - NR. 4445 ARBEITSVORGANG 10 DREHEN KOMPLETT

```
TN FUER A) EINSPANNEN    ,99    B) UMSPANNEN    1,79    C) AUSSPANNEN    ,44    D) AUSRICHTEN    ,53    E) GESAMT    3,76

      SCHRUPPEN PLANFLAECHE AUSSEN 2
      ------------------------------

   DREHSTAHL:  GERADER LINKER KLEMMHALTER      DIN:        SCHNEIDSTOFF:  HMP10    WENDESCHNEIDPLATTE DIN:

   EINSTELLWINKEL:  90,0  GRAD        SPANWINKEL:  -5,0  GRAD
--------------------------------------------------------------------------------------------------------------------

   EINSTELLDATEN MASCHINE
   ----------------------

   DREHZAHL:   176    U/MIN         VORSCHUB:   ,50  MM/U
--------------------------------------------------------------------------------------------------------------------

   SCHNITTDATEN
   ------------

   SCHNITTGESCHWINDIGKEIT:   138,82  M/MIN     SPANTIEFE:   3,33  MM     ANZAHL SCHNITTE:   1
--------------------------------------------------------------------------------------------------------------------

   HAUPTZEIT:    1,44  MIN          NEBENZEIT:     ,37  MIN
********************************************************************************************************************
```

Bild 60: Detailplan zum Arbeitsvorgang "Drehen"

Forschungsarbeit entwickelten Programm ermittelt wurde. Das Programm befindet sich in der Entwicklung und umfaßt z.Zt. die Verfahren Sägen, Drehen und Bohren und einige Handarbeitsvorgänge für eine Komplexteilgruppe von Kurzdrehteilen. Die Schnittwertermittlung ist an die Modelle von EXAPT 1 und 2 [31] angelehnt, die Zeitermittlung erfolgt anhand eines Tabellenwerkes [30] .

Der bisherige Umfang der Programme ließ besonders erkennen, daß beim Aufbau eines Arbeitsplanerstellungssystems nach der Neuplanung eine bausteinartige Konzeption und die Möglichkeit eines stufenweisen Aufbaus wichtig ist. Voraussetzung dazu war die Entflechtung des gesamten Problemkomplexes. Ein wirtschaftlicher Einsatz der automatischen Arbeitsplanerstellung ist mit den gezeigten Methoden kurz- und mittelfristig vor allem im Bereich der Rotationsteile mit Bearbeitungsaufgaben für konventionelle Maschinen möglich.

5. Ausbaustufen der Arbeitsplanerstellung

5.1 Grundsätzliche Ausbaumöglichkeiten

Die Prinzipien zur maschinellen Arbeitsplanerstellung, die Neuplanung und die Ähnlichkeitsplanung, charakterisieren theoretische Modelle, die für den praktischen Einsatz im Unternehmen modifiziert werden müssen (Bild 61).

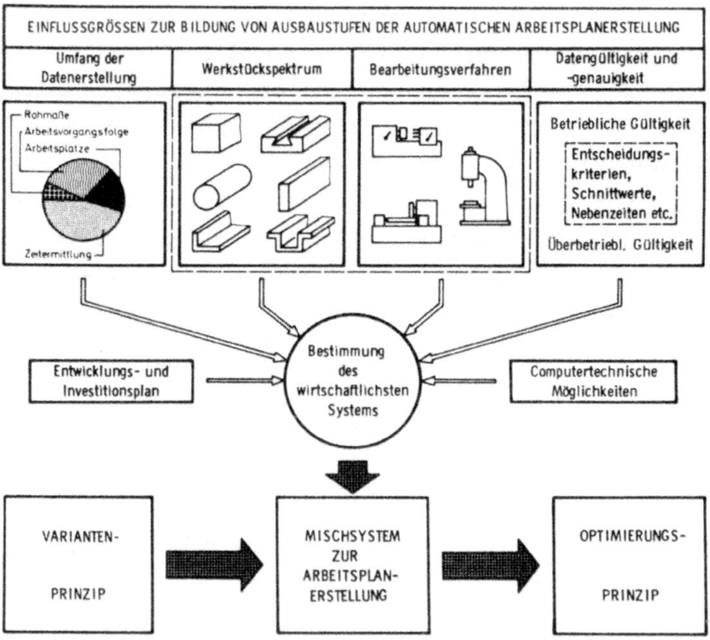

Bild 61: Ausbaustufen bei der Realisierung der Arbeitsplanerstellung mit EDVA

Durch die begrenzten computertechnischen Möglichkeiten sowie die Beschränkung im Entwicklungs- und Investitionsaufwand der Unternehmen besteht der Wunsch nach einer Konzeption, die eine stufenweise Realisierung und Einführung mit der sofortigen Nutzbarmachung jeder realisierten Zwischenstufe ermöglicht. Für die Bildung von Ausbaustufen kommen im wesentlichen folgende Möglichkeiten in Betracht;

- die Lösung von Teilaufgaben der Arbeitsplanerstellung,
- die Unterteilung des Werkstückspektrums,
- die Unterteilung der Bearbeitungsverfahren bzw. Maschinen,
- die Abstufung der Datengültigkeit und -genauigkeit und
- die Kombinationen dieser Möglichkeiten.

Bei der Lösung von Teilaufgaben der Arbeitsplanerstellung, z.B. der Zeitermittlung, muß beachtet werden, daß der Umfang der Eingabeinformationen so groß werden kann, daß die wirtschaftliche Anwendung eines solchen Teilsystems in Frage gestellt ist. Für ein einfaches, scheibenförmiges Werkstück ohne besondere fertigungstechnische Schwierigkeiten waren z.B. in einer Untersuchung zur Zeitermittlung 85 Feinarbeitsablaufstufen notwendig, um anhand weiterer 40 Einflußgrößen die Vorgabezeit aus Tabellen eines Zeitsystems auf der Basis von Arbeitsverrichtungen zu bestimmen [32] . Zudem ist bei Teillösungen die Möglichkeit der Optimierung begrenzt. Aus diesen Gründen ist möglichst die vollständige Erstellung aller Arbeitsplandaten in einem Verarbeitungsprozeß anzustreben.

Demgegenüber bietet die Unterteilung des Werkstückspektrums die Möglichkeit, die Vorteile einer Optimierung voll zu nutzen und darüber hinaus eine Anpassung an die im Unternehmen bestehenden Aufgabenschwerpunkte durchzuführen. Die Auswahl des Teilespektrums ist dabei frei wählbar und kann je nach den betrieblichen Gegebenheiten nach konstruktiven, technologischen, kostenmäßigen und organisatorischen Gesichtspunkten erfolgen.

Die Untergliederung der Bearbeitungsverfahren bzw. der Maschinen wird z.Zt. bei Programmiersystemen für numerisch gesteuerte Maschinen angewandt [31] , um den Programmieraufwand und den Programmumfang zu beschränken. Die realisierten Teilsysteme lassen sich langfristig in eine integrierte Lösung einbauen [20] .

Die Abstufung der Datengültigkeit und -genauigkeit, z.B. von Entscheidungskriterien, Schnittwerten, Nebenzeitfunktionen etc., ist wegen der in der Regel fehlenden Unterlagen und Daten kaum zu vermeiden. Bei einer allgemein gültig aufgebauten Programmlogik können die Daten jedoch sukzessive verbessert werden.

Die diskutierten Ausbaustufen gelten allgemein für das Prinzip der Ähnlichkeits- und Neuplanung. Für eine schnelle Einführung im Unternehmen kann man sich zunächst für eine mehr an die Ähnlichkeitsplanung angelehnte Lösung entscheiden und diese Lösung langfristig zur Neuplanung hin ausbauen.

In einer weiteren Ausbaustufe läßt sich dann ausgehend von der Automatischen Arbeitsplanerstellung das Gesamtsystem Arbeitsplanung (Bild 62), bestehend aus der

- Rohmaterialoptimierung
- Arbeitsplanerstellung
- Kalkulation und Wirtschaftlichkeitsrechnung

konzipieren.

Dabei sollte jeder Baustein zunächst für sich realisiert werden.

Diese Gliederung ist deshalb zweckmäßig, um jeden Baustein einzeln und mit unterschiedlicher Zielsetzung benutzen zu können.
Insbesondere ist eine Rohmaterialoptimierung von der Konstruktion und der Materialplanung durchzuführen, ohne daß gleichzeitig ein Arbeitsplan zu erstellen ist. Der Konstruktionsprozeß ist durch die Werkstoffwahl und die Formgebung stark mit der Rohmaterialbestimmung verknüpft. Um diese Entscheidung optimal treffen zu können, kann vom Konstrukteur ein Rohmaterial-Optimierungsprogramm eingesetzt werden.

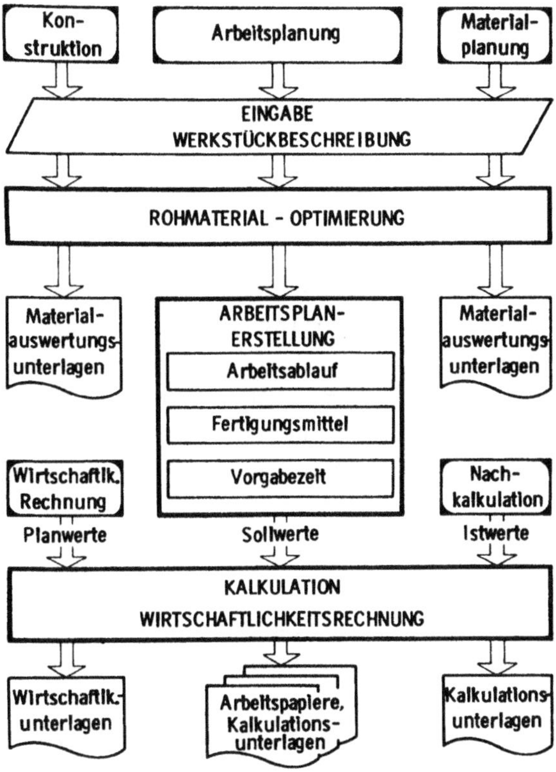

Bild 62: Gesamtsystem Arbeitsplanung

Die Materialplanung hat einen optimalen Lagerbestand an Rohmaterialsorten hinsichtlich Werkstoffen, Rohformen und Abmessungen zu gewährleisten. Die Grundlage für diese Planungen bildet ebenfalls die Rohmaterialoptimierung.

Bei der Arbeitsplanerstellung, der Vorkalkulation und der technischen Investitionsplanung werden in der Regel mehrere Teilprogramme des Systems durchlaufen. Die Kalkulation und Wirtschaftlichkeitsrechnung dagegen ist häufig allein auszuführen. Einerseits ist eine Wirtschaftlichkeitsrechnung für spezielle Fälle auf der Basis von Planwerten, andererseits eine Nachkalkulation auf der Basis von Istwerten erforderlich.

Die Möglichkeit der getrennten Benutzung der einzelnen Hauptbausteine verlangt, daß teilweise bereits Entscheidungen aus den nachgeschalteten Programmteilen getroffen werden müssen. Für die Rohteiloptimierung z.B. bedeutet dies einen Vorgriff auf die Arbeitsvorgangsfolgeermittlung und auf Wirtschaftlichkeitsrechnungen. Diese Entscheidungsroutinen müssen in das Rohmaterialprogramm integriert werden.

5.2 Rohmaterialoptimierung

Aufgabe der Materialplanung ist es, durch eine Rohmaterialoptimierung die unterschiedlichen Interessen zu koordinieren.

Manuell ist eine Koordination nur mit großem Aufwand möglich. In der Regel ist kein zeitlicher Spielraum für diese Aufgabe gegeben, und zudem fehlen meistens die dazu notwendigen Entscheidungsunterlagen. In der Einzel- und Kleinserienfertigung wird deshalb häufig das zu verwendende Rohmaterial bereits in die Stückliste eingetragen, bevor der Arbeitsplan erstellt ist. Damit wird der Materialdisposition die Möglichkeit gegeben, den Rohmaterialbedarf rechtzeitig zu disponieren. Allerdings kann dabei die Abhängigkeit der Materialbestimmung von Stückzahl und Bearbeitungsverfahren nicht optimal berücksichtigt werden. Durch eine automatische Rohmaterialbestimmung lassen sich diese Probleme beseitigen.

Bei der Lösung sind jedoch zuvor die Aufgaben der Materialplanung insgesamt zu betrachten und zu analysieren, um alle Anforderungen an die Rohmaterialbestimmung eindeutig zu definieren und dadurch eine Integration dieses Bausteins in ein Gesamtsystem zu ermöglichen.

Die Planung des optimalen Ausgangsmaterials mit Hilfe der elektronischen Datenverarbeitungsanlage wird zweckmäßigerweise in mehrere hierarchisch gegliederte Stufen unterteilt (Bild 63).

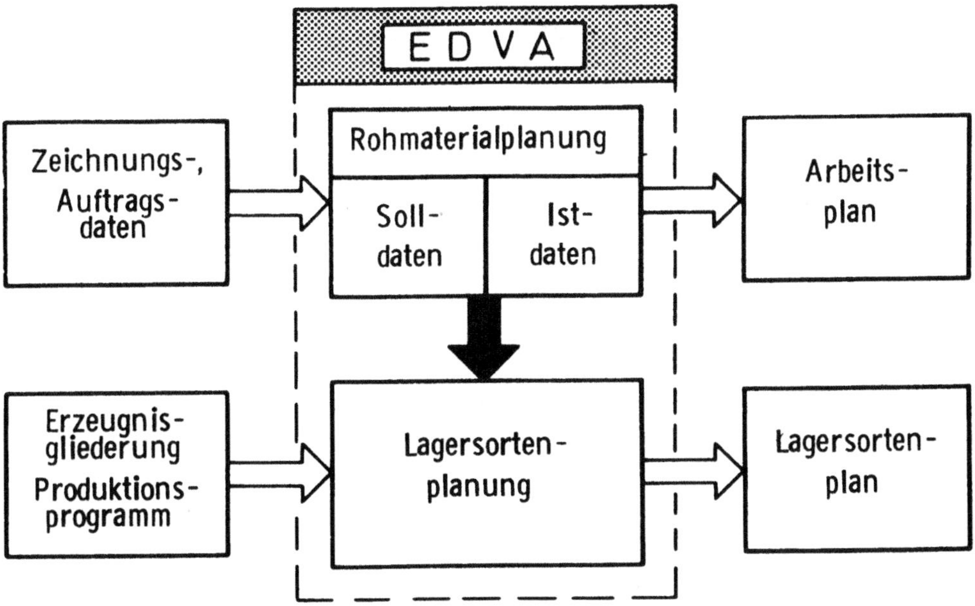

Bild 63: Rohmaterialplanung - Voraussetzung zur langfristigen Lagersortenplanung

In der ersten Planungsstufe wird über die Art des Ausgangsmaterials entschieden. Die in der Einzel- und Kleinserienfertigung des allgemeinen Maschinenbaus vorkommenden Ausgangsmaterialien lassen sich in Guß- und Schmiedeteile, Halbzeuge und vorbearbeitete Teile untergliedern (Bild 64). Hier müssen Algorithmen erarbeitet werden, die eine eindeutige Zuordnung des Werkstückes zu einer der vier Materialarten zulassen.

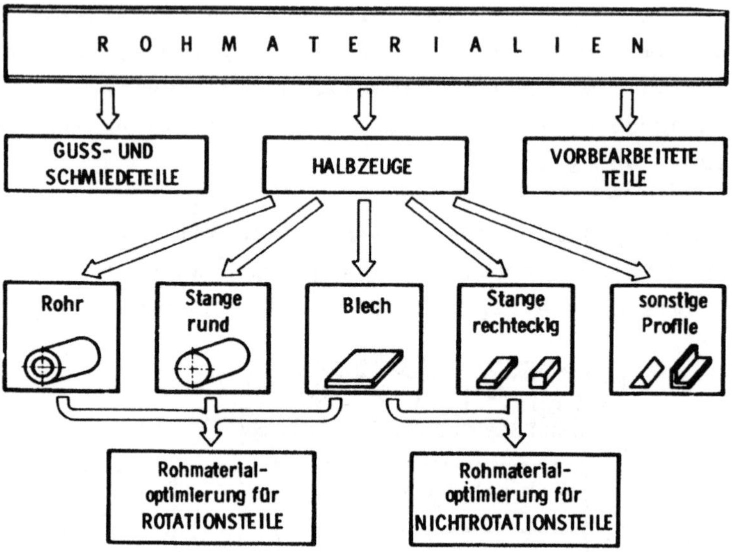

Bild 64: Einsatzbereiche der Rohmaterialoptimierung

In der zweiten Stufe wird innerhalb der Materialart die optimale Ausgangsform und Abmessung ermittelt. Wesentliche Aufgabe dieses Planungsschrittes ist die Auswahl des Materials nach fertigungstechnischen und materialwirtschaftlichen Kriterien. So müssen bei den Guß- und Schmiedeteilen z.B. alle technologischen Herstellverfahren einander gegenübergestellt werden. Bei den Halbzeugen stehen die durch die Rohmaterialart bedingten Fertigungsverfahren und eine rationelle Datenstruktur beim Aufbau von Lager- und Materialkatalogen im Vordergrund.

Bei der Berechnung des optimalen Rohmaterials werden in der ersten Phase die theoretisch erforderlichen Sollwerte ermittelt. Diese werden in der zweiten Phase dem aktuellen Lagerbestand des Betriebes angepaßt.

Durch den Vergleich der Sollwerte mit den Istwerten über einen längeren definierten Zeitraum können in der dritten Planungsstufe die Materialsorten an die von der Konstruktion und Fertigung geforderten Sollwerte angeglichen werden. Diese mittelfristige Lagersortenplanung führt sukzessive zu einer optimalen Lagerhaltung.

In der vierten und letzten Stufe zur Optimierung des Ausgangsmaterials wird das Problem der Verschnittoptimierung in der Materialbereitstellung angesprochen. Gerade bei den teuren Halbzeugen verspricht die Lösung dieses Problemes eine erhebliche Kostenersparnis.

Die Verschnittoptimierung kann in ein-, zwei- und dreidimensionale Verschnittprobleme untergliedert werden. Eindimensionale Verschnittoptimierungen ergeben sich z.B. bei der Aufteilung mehrerer Werkstücke unterschiedlicher Länge auf Halbzeugstangen, so daß die Abfallstücke minimiert werden.

Bei zweidimensionalen Verschnittproblemen steht die optimale Verschachtelung flächenhafter Werkstücke, die z.B. aus Blechen bestimmter Abmessungen ausgebrannt werden, im Vordergrund.

Schließlich soll bei der dreidimensionalen Verschnittoptimierung das Ausgangsvolumen bei Massivteilen minimiert werden.

5.2.1 Programm zur Rohmaterialbestimmung für Rotationsteile

Das Programm zur Rohmaterialbestimmung für Rotationsteile basiert auf der stufenweisen Optimierung und ermittelt ausgehend von den Zeichnungsdaten und der Stückzahl neben dem Werkstoff, der Rohform und den Rohmaßen alle für die Planung notwendigen Angaben. Bild 65 zeigt den grundsätzlichen Aufbau des Programms. Nach Eingabe der Daten wird anhand einer Entscheidungstabelle geprüft, ob bereits Materialdaten vorbestimmt sind.

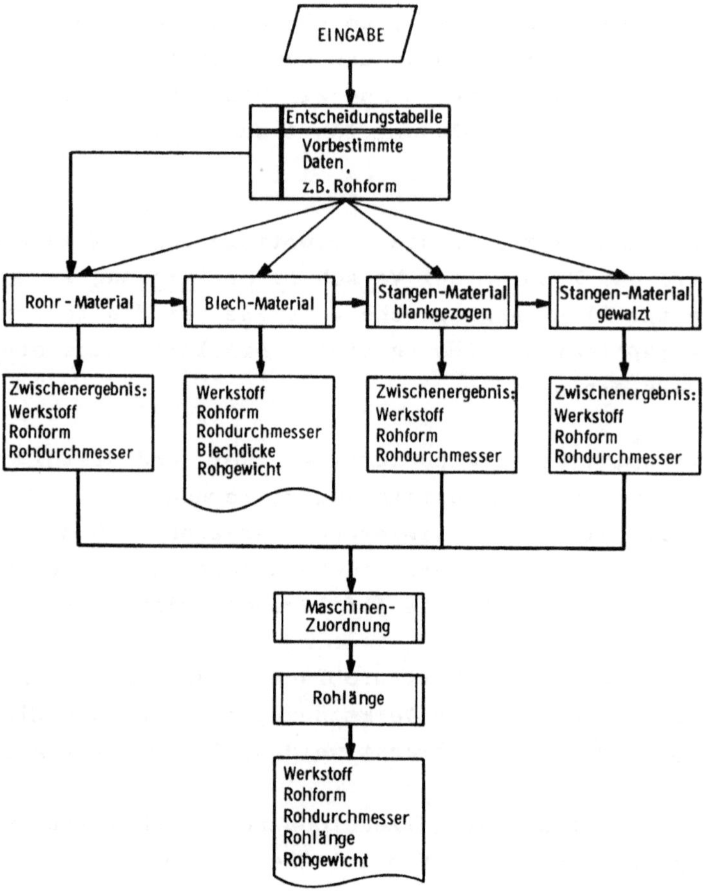

Bild 65: Aufbau des Programms zur Rohmaterialbestimmung für Rotationsteile

Ist die Rohform z.B. durch den Konstrukteur festgelegt, so wird das entsprechende Unterprogramm direkt angesteuert. Im anderen Fall werden die Unterprogramme in der Reihenfolge "Rohr-Material", "Blech-Material","Stangen-Material blank gezogen" und "Stangen-Material gewalzt" durchlaufen, bis das optimale Material bestimmt ist.

Die Gewähr für die Auswahl der wirtschaftlichsten Rohform ist durch Entscheidungskriterien in den Unterprogrammen gegeben, die die Auswahl einer Rohform begrenzen.

Nach dem Unterprogramm "Stangen-Material gewalzt" besteht keine alternative Ausgangsform mehr. Ist bis dahin kein lagerhaltiges Material gefunden, so wird trotzdem die Rohlängenbestimmung durchgeführt, um die Abmessungen des theoretisch optimalen Ausgangsmaterials für die Entscheidung zur Materialsortenplanung ausgeben zu können.

Die für das Rohmaterialoptimierungsprogramm vorgesehenen Ausgabedaten können der Ausgabeliste in Bild 66 entnommen werden.

Bild 66 zeigt den Ausdruck, der Aufschluß über die durchlaufenen Zweige des Programms gibt. In dem dargestellten Beispiel wird Blech mit dem Werkstoff C45 und der Blechdicke 18,2 cm als günstigstes Rohmaterial ermittelt. Eine Überprüfung in der Materialkartei zeigt, daß Blech mit wirtschaftlicher Abmessung nicht lagerhaltig ist. Daraufhin berechnet das Programm "Stange blank H11" als nächstgünstigstes Rohmaterial, das aber ebenfalls nicht lagerhaltig ist. Erst mit gewalztem Rundstahl und dem Ausweichwerkstoff C 60 wird das zur Zeit günstigste lagerhaltige Rohmaterial gefunden.

Die ausgedruckten Daten lassen sich je nach den Anforderungen des Anwenders noch spezifizieren und an die Belange des Unternehmens anpassen.
Das Rohmaterialoptimierungsprogramm für Rotationsteile stellt in dieser Form bereits den ersten Baustein zur Systematisierung der Arbeitsplanung dar.

BERECHNUNG DES OPTIMALEN ROHMATERIALS			PROGRAMM ROHMAT 1		RWTH AACHEN, CD6400		05/03/70	
SACH. NR DES WERKSTUECKES	IDENTIFIZIERUNGSNUMMER				KLASSIFIZIERUNGSNUMMER			
	311740				040634301			
	WERKSTOFF	AUSSENDURCHMESSER	INNENDURCHMESSER	-DIN	LAGERNR	ROHLAENGE ODER BLECHDICKE	MASCHINE	KOMMENTAR
BLECH-SOLLWERTE	C45	202,0				18,2		PLANUNGSWERT
BLECH	C45	202,0				18,2		WIRTSCH. ABMESSUNG NICHT LAGERHALTIG
STANGE BLANK H11 SOLLWERTE	C45	190,00						PLANUNGSWERT
STANGE BLANK H11	C45	190,00						N LAGERHALTIG
STANGE WALZ SOLLWERTE	C45	190,00						PLANUNGSWERT
STANGE WALZ	C45	190,00						WERKSTOFF NICHT LAGERHALTIG
STANGE WALZ	C60	200,00		1013080	0008	21,2	301	OPTIMALES ROHMATERIAL

LOS GROESSE	NETTO ROH LAENGE	NETTO ROH GEWICHT	LAENGE MEHRST. ROHTEIL	GEWICHT MEHRST. ROHTEIL	BASIS MENGE	ANZAHL STUECKE	LAENGE STANGE	GEWICHT PRO STANGE	ANZAHL STANGEN	STUECK PRO STANGE	LAENGE REST-STUECK	STUECK PRO RESTST.	GEWICHT GESAMTES LOS
2	29,2	7,2	0,0	0,0	0	0	0,0	0,0	0	0	0,0	8	14,4
	Angaben zum Einzel-Rohteil		Angaben zum Mehrstück-Rohteil				Angaben zu ganzen Stangen				Angaben zum Stangen-Reststück		

Bild 66: Ausgabeliste des Programms zur Rohmaterialbestimmung für Rotationsteile

6. Arbeitsplanerstellung als Baustein eines integrierten Arbeitsplanungssystems

Durch die Entwicklung elektronischer Datenverarbeitungsanlagen ist langfristig die Möglichkeit gegeben, stark verflochtene Aufgaben der Informationsverarbeitung im Unternehmen zu einer integrierten Lösung zu verdichten.
Nach heutiger Auffassung versteht man unter Integration aber nicht mehr unbedingt die vollständige Verflechtung aller Datenverarbeitungsvorgänge in einem geschlossenen System und die Zusammenfassung aller Daten zu einem einzigen Informationszentrum, vielmehr faßt man den Begriff Integration dahingehend auf, den gesamten Aufgabenkomplex der Datenverarbeitung in einzelne Teilsysteme eines Gesamtkonzeptes zu untergliedern, diese Teilsysteme wie Bausteine zu planen und zu kombinieren und statt eines zentralen Datenzentrums mehrere dezentrale Dateien aufzubauen [35] .

Eine derart nach dem Baukastenprinzip aufgebaute Konzeption ermöglicht es, jeden Baustein einzeln zu betrachten, zu planen und ggf. einzuführen.
Bei der Entwicklung eines Systems zur Erstellung von Arbeitsplänen mit EDVA sind diese grundsätzlichen Überlegungen zu berücksichtigen.

Der Arbeitsplan ist neben der Zeichnung und der Stückliste eines der drei Grunddokumente im technisch-organisatorischen Datenverarbeitungssystem. Diese Informationsträger bilden die Basis des Datenbestandes und damit die Grundlage der weiteren Informationsverarbeitung im Unternehmen.

Die einzelnen Informationen des Arbeitsplanes sind durch die Aufgaben, die in den verschiedenen Bereichen des Unternehmens zu bewältigen sind, bestimmt (Bild 67). Zu den Aufgaben der an der Auftragsabwicklung beteiligten Bereiche Terminplanung, Kapazitätsplanung, Disposition, Arbeitsunterlagenerstellung und Kalkulation, kommen langfristige Planungsaufgaben hinzu.

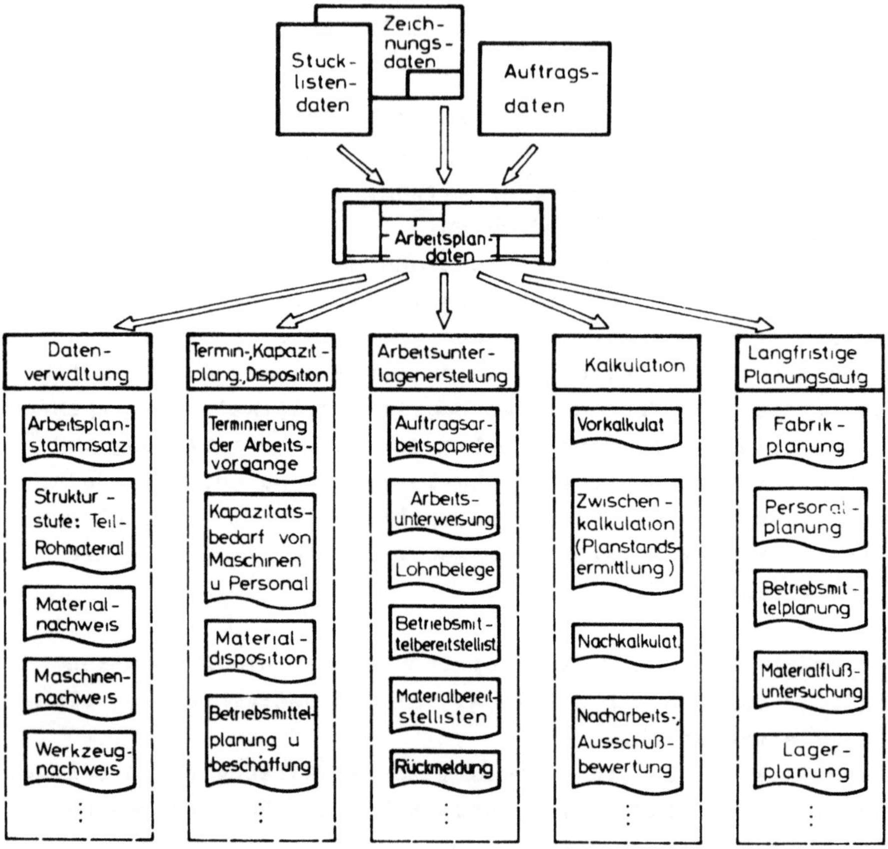

Bild 67: Verwendung von Arbeitsplandaten in den verschiedenen Aufgabenbereichen

6.1 Arbeitsplanerstellung als Grundlage einer systematischen Arbeitsvorbereitung

Eine systematische Betrachtung und Charakterisierung von Vorgängen zeigt häufig, daß die Funktionen der verschiedensten Vorgänge gleich sind und die für eine Aufgabe aufgestellten Lösungen auch für weitere Aufgaben verwendet werden können.

Die Arbeitsplanerstellung basiert auf den Funktionen

- Arbeitsablaufplanung,
- Betriebsmittelzuordnung,
- Zeitermittlung und
- Kalkulation.

Diese Grundfunktionen müssen in verschiedenen Aufgabenbereichen der Arbeitsvorbereitung ständig und wiederkehrend durchgeführt werden. Es ist deshalb zu untersuchen, welche Tätigkeiten davon betroffen sind und wie sie bei der Konzeption der automatischen Arbeitsplanerstellung berücksichtigt werden können.

In Bild 68 sind die technischen Planungsaufgaben der Arbeitsvorbereitung, der Arbeitsplanung, zu sechs Aufgabenbereichen

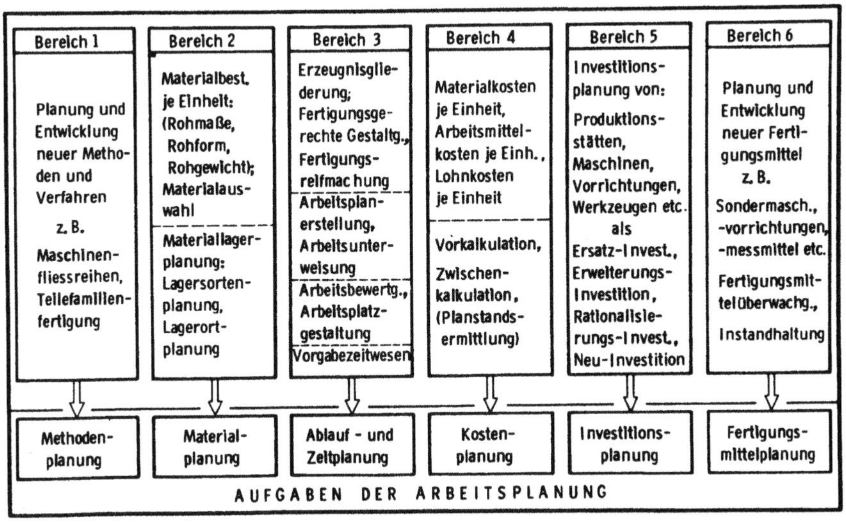

Bild 68: Aufgaben der Arbeitsplanung

zusammengefaßt. Bei der Methodenplanung (Bereich 1) und der Fertigungsmittelplanung (Bereich 6) handelt es sich in der Regel um einmalige Planungen und Entwicklungen neuer Methoden und Verfahren bzw. Fertigungsmittel, die aus den folgenden Betrachtungen ausgeklammert sein sollen.

Die Materialplanung ist bereits als eine Ausbaustufe der Arbeitsplanerstellung dargestellt worden.

Bei der Kostenplanung und der Investitionsplanung ist der Zusammenhang mit der Arbeitsplanerstellung jedoch näher zu analysieren.

Die Kostenplanung (Bereich 4 in Bild 68) hat neben der Bestimmung der Rechnungseinheiten für Material, Arbeitsmittel und Lohn u.a. die Vorkalkulation und die Zwischenkalkulation auszuführen.

Alle Kalkulationsarten und die verschiedenen Wirtschaftlichkeitsrechnungen, wie die technische Investitionsrechnung und der betriebliche Kostenvergleich, basieren auf den gleichen Kostenfunktionen (Bild 69). Eine Unterscheidung der Kosten-

Art der Kostenrechnung	Stückkalkulation nach Herstellung	Stückkalkulation vor Herstellung	Investitionsrechnung	Betrieblicher Kostenvergleich (Auswahl vorhand. Mittel)
Kenngröße	Herstellkosten		Rel. Rentabilität	Var. Herstellkosten
Kostenwert	Ist-Kosten	Soll - Kosten		
Kostenbildung	Fixe und variable Kosten			Variable Kosten
Anwendung	Zwischenkalkulation Nachkalkulation	Vorkalkulation (Angebotskalkulat.)	Ersatz-Investition Erweiterungs-Inv. Rationalisiergs.-I. Gründungs-Inv.	Konstrukt.-Vergl. Material-Vergleich Verfahrens-Vergl. Betriebsm.-Vergl.
Berechnung	Gleiche Kostenfunktionen			

Bild 69: Charakteristik verschiedener Kostenrechnungsarten

rechnungen ergibt sich lediglich durch:

1. die Kenngröße, die der Entscheidung zugrunde gelegt wird,
2. den Kostenwert, der Plan- oder Ist-Kosten bezeichnet,
3. die Kostenbildung, die eine Aussage darüber macht, welche Kostenarten zur Errechnung der Kenngröße erforderlich sind.

Es erscheint also zweckmäßig, die Kostenrechnung als einen geschlossenen Baustein zu planen und so in eine Gesamtkonzeption einzubauen, daß sie für die verschiedensten Funktionen angesprochen werden kann.

Der Vorteil einer maschinellen Vorkalkulation im direkten Anschluß an die Arbeitsplanerstellung wird besonders am Beispiel der Angebotskalkulation deutlich. Für die große Zahl der zu erstellenden Angebote, für die die Wahrscheinlichkeit zur Umwandlung in einen Auftrag zudem gering ist, kann meist aus Zeit- und Kapazitätsgründen keine genaue Planung und Kalkulation durchgeführt werden. Einerseits besteht bei ungenauen Angeboten dann aber die Gefahr, unter Selbstkosten anzubieten, andererseits wird bei einem zu teuren Angebot die Konkurrenzfähigkeit vermindert.

Die Ausnutzung eines automatischen Arbeitsplanerstellungs- und Kalkulationssystems für Zwecke der Angebotsplanung kann im Unternehmen u.U. zu einem Hauptgrund für die Einführung werden. Allerdings ist die Anwendung auf Einzelteile beschränkt. In Verbindung mit einer rechnerunterstützten Variantenkonstruktion kann die maschinelle Angebotsplanung auch auf größere Produkteinheiten, z.B. Baugruppen, ausgedeht werden [34, 14] .

Die Investitionsplanung im Rahmen der Arbeitsplanung (Bereich 5 in Bild 17) muß mit steigendem Investitionskapital für neue Maschinen und Anlagen genauer und exakter durchgeführt werden, um Fehlinvestitionen zu vermeiden. Die genaueste Maschinenauswahl im Rahmen der Arbeitsplanerstellung kann falsche Investitionsentscheidungen nicht ausgleichen; deshalb ist eine exakte Investitionsplanung mit neuen Planungsmethoden erforderlich.

Die technische Investitionsplanung basiert auf

- der technischen Zuordnung Werkstück - Maschine,
- der Bestimmung der Planbelegungszeiten und
- der kalkulatorischen Bewertung alternativer Maschinen [21] .

Diese Schritte werden funktional auch bei der Arbeitsplanerstellung durchgeführt.

Die Gemeinsamkeiten und Unterschiede zwischen der technischen Investitionsplanung und der Arbeitsplanerstellung sind in Bild 70 zusammengestellt. Der kurzfristigen Entscheidung bei

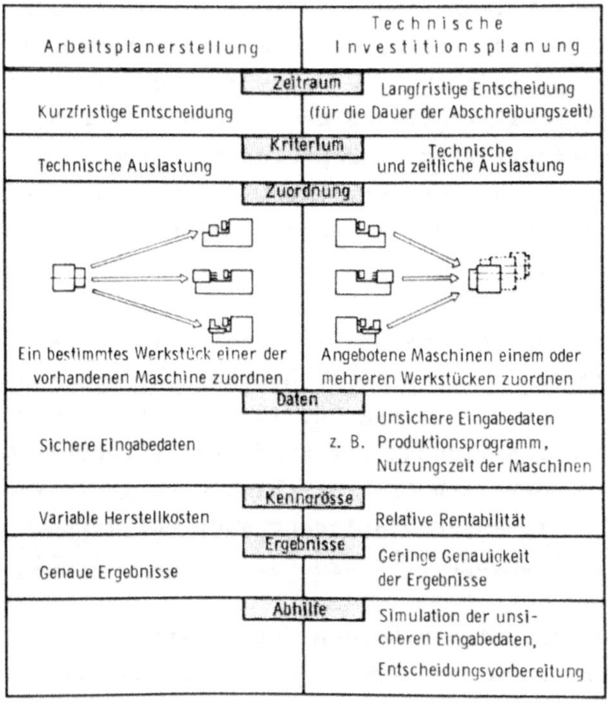

Bild 70: Gegenüberstellung der Maschinenzuordnung bei der Arbeitsplanerstellung und der technischen Investitionsplanung

der Arbeitsplanerstellung steht die langfristige Entscheidung bei der Investitionsplanung, die sich auf die Dauer der gesamten Abschreibungszeit erstreckt, gegenüber. Während das Zuordnungskriterium bei der Arbeitsplanerstellung nur die technische

Auslastung ist, kommt bei der Investitionsplanung die zeitliche Auslastung hinzu.
Die technische Zuordnung ist formal gleich. Einmal wird ein Werkstück einer der vorhandenen Maschinen zugeordnet, zum anderen werden mehrere angebotene Maschinen einem Werkstück bzw. einem Werkstückspektrum gegenübergestellt. Die unsicheren Eingabedaten, die bei der Investitionsplanung durch das geschätzte Produktionsprogramm, die angenommenen Nutzungszeiten der Maschinen etc., vorliegen, führen auch bei einer genauen Rechenmethode zu ungenauen Ergebnissen. Der Geschäftsleitung kann hier die Simulation verschiedener Unternehmenssituationen eine gute Grundlage für Investitionsentscheidungen bieten. Manuell ist eine solche Simulation jedoch nicht möglich. Mit Hilfe eines Arbeitsplanerstellungsprogramms können die technischen Daten für die Investitionsplanung bereitgestellt werden.

Zusammenfassend kann aus der Analyse der Arbeitsplanungsaufgaben die Aussage gewonnen werden, daß

die Rohmaterialbestimmung,
die Arbeitsplanerstellung,
die Kalkulation und
die technische Investitionsplanung

auf Grund der gleichen Funktionen zweckmäßig zu einem Gesamtsystem im Rahmen einer systematischen Arbeitsplanung zusammenzufassen sind (Bild 71). Neben der automatischen Ausführung der direkt integrierten Aufgaben können den verschiedensten Bereichen Dokumentationen zur Auswertung zur Verfügung gestellt werden.

Wie diese Aufgaben bei der Arbeitsplanerstellung berücksichtigt und integriert werden können, muß aus der Untersuchung der Lösungsmöglichkeiten zur automatischen Arbeitsplanerstellung abgeleitet werden.

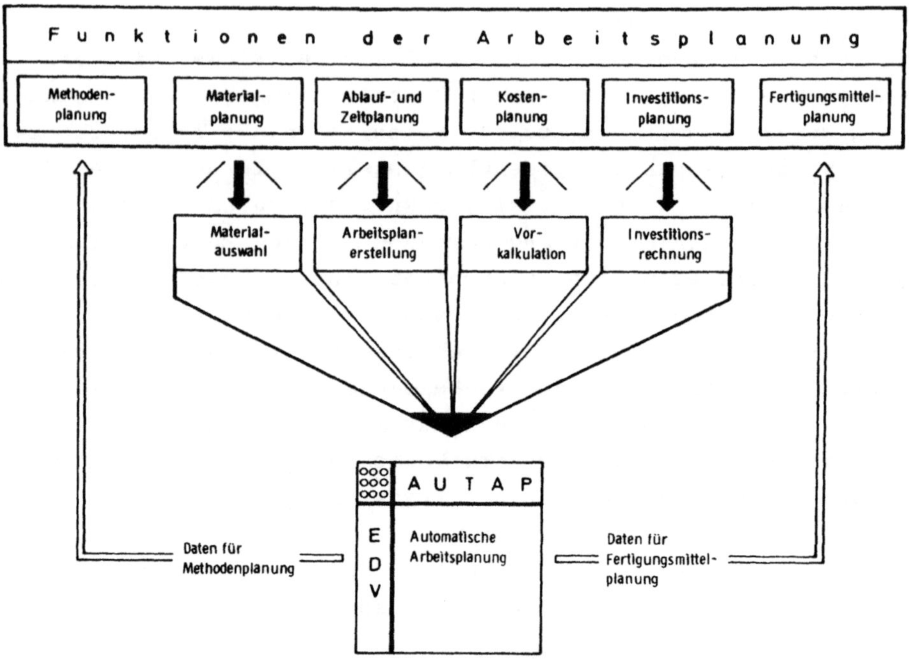

Bild 71: **Aufgaben der automatischen Arbeitsplanerstellung**

7. Zusammenfassung

Die wirtschaftliche Nutzung der technischen Möglichkeiten in der Fertigung ist in besonderem Maße vom Leistungsniveau der Arbeitsvorbereitung abhängig. Untersuchungen lassen erkennen, daß insbesondere die Arbeitsplanerstellung, d.h. die Umsetzung von Konstruktionsdaten in detaillierte Fertigungsanweisungen und -unterlagen, in den Unternehmen auf Grund des Personalmangels, der fehlenden Planungsmethoden und des Zeitdrucks in der Regel nicht mit genügender Genauigkeit und optimalem Ergebnis durchgeführt werden kann. Die Arbeitsplanerstellung unter Einsatz von EDVA ermöglicht hier weitreichende Rationalisierungen.

Die Anforderungen und Voraussetzungen an eine Arbeitsplanerstellung mit EDVA wurden aus einer funktionalen Betrachtung der Vorgänge abgeleitet. Dabei zeigte sich, daß die Rohmaterialbestimmung, die Vorkalkulation und die technische Investitionsplanung weitgehend auf den gleichen Grundfunktionen wie die Arbeitsplanerstellung beruhen. Sie sind deshalb zweckmäßig in die Betrachtungen einzubeziehen.
Die Möglichkeiten zur automatischen Arbeitsplanerstellung lassen sich zu zwei Lösungsprinzipien, der Ähnlichkeitsplanung und der Neuplanung verdichten. Die Diskussion der Anwendbarkeit ergibt für beide Prinzipien wirtschaftliche Einsatzbereiche. In Anlehnung an diese Prinzipien wurden deshalb zwei Systeme zur automatischen Arbeitsplanerstellung konzipiert.

Das System zur Arbeitsplanerstellung nach der Ähnlichkeitsplanung beruht auf der Erstellung eines Standardarbeitsplanes für eine Gruppe ähnlicher Werkstücke, die in definierten Grenzen variieren. Zur Durchführung wurden eine Systematik zur Bildung von Werkstückvarianten, zur Aufstellung von Standardarbeitsplänen und ein neutrales Verarbeitungsprogramm zur automatischen Erstellung der Arbeitspläne erarbeitet.

Das System zur Arbeitsplanerstellung nach dem Prinzip der Neuplanung ist als Grundlage für die verschiedenen Aufgaben der Arbeitsvorbereitung in ein Arbeitsplanungssystem integriert, das aus den Elementen Rohmaterialoptimierung, Arbeitsplanerstellung und Wirtschaftlichkeitsrechnung besteht. Zur Rohmaterialbestimmung und zur Lösung der Probleme bei der Arbeitsplanerstellung, insbesondere der Arbeitsvorgangsfolgeermittlung, der Maschinenzuordnung und der Vorgabezeitbestimmung wurden Lösungsmethoden entwickelt.

8. Schrifttum

1. Opitz, H. — Moderne Produktionstechnik - Stand und Tendenzen
   Girardet-Verlag, Essen, 1970

2. Williamson, D.T.N. — Ein neues Fertigungsverfahren
   G. Grossmann Verlag, Stuttgart 1967

3. Herrmann, J.; Tully, H. — Praktischer Einsatz numerisch gesteuerter Werkzeugmaschinen aus der Sicht der Arbeitsvorbereitung
   Industrie-Anzeiger 90 (1968) 5, 14

4. Eversheim, W. — Beitrag zur Fertigungsplanung und -steuerung in der Kleinserienfertigung unter besonderer Berücksichtigung der Teilefamilienfertigung
   Diss. TH Aachen 1965

5. Opitz, H.; Brankamp, K.; Junghanns, W.; Berger, H. — Geänderte Anforderungen an den technischen Bereich der Fertigungsindustrie durch Einsatz von Bearbeitungszentren
   RKW-Forschungsbericht, 1969
   Projekt D 66/68; Teilprojekt 3

6. Herrmann, J.; Ackerknecht, B. — Terminplanung in einer Maschinenfabrik
   Industrie-Anzeiger 90 (1968) 85, 36

7. Brankamp, K. — Ein Terminplanungssystem für Unternehmen der Einzel- und Serienfertigung
   Physica-Verlag Würzburg-Wien 1968

8. Bertram, D.; Hartmann, F. — Kapazitätsterminierung bei Escher-Wyss
IBM-Nachrichten 17 (1967) 2

9. Autorenkollektiv — Unveröffentlichte Untersuchung VDI/ADB-Ausschuß "Datenverarbeitung bei der Fertigungsplanung und -steuerung"
Unterausschuß 4 "Automatische Arbeitsplanerstellung" 1969

10. Autorenkollektiv — Ausgabedaten von Arbeitsplänen der mechanischen Fertigung
Unveröffentlichte Untersuchung VDI/ADB-Ausschuß "Datenverarbeitung bei der Fertigungsplanung und -steuerung" Unterausschuß 4 "Automatische Arbeitsplanerstellung" 1969

11. Opitz, H.; Brankamp, K.; Olbrich, W. — Untersuchungen über die Einsatzmöglichkeiten von Datenverarbeitungsanlagen für die Einführung der Teilefamilienfertigung
Forschungsbericht des Landes Nordrhein-Westfalen 1970

12. Opitz, H. — Werkstückbeschreibendes Klassifizierungssystem
Girardet-Verlag, Essen 1965

13. N.N. — Stepwise Regression
Programmbibliothek des Rechenzentrums der RWTH Aachen

14. N.N. Maschinelle Konstruktion und Angebotserstellung mit ADE
IBM-Form 70107-0 und 71504-0

15. N.N. Maschinelle Arbeitsplanerstellung mit IBM Arbeitssystem AMP
IBM-Form 71503-0

16. Bronner, A. Werttechnik-Integrierte Rationalisierung
Vortragsmanuskript

17. Stehle, P. Eine Methode zur Wirtschaftlichkeitsrechnung unter besonderer Berücksichtigung des Einsatzes numerisch gesteuerter Werkzeugmaschinen
Dissertation TH Aachen 1966

18. Autorenkollektiv Systematik zur Arbeitsvorgangsbeschreibung
Unveröffentlichte Untersuchung VDI/ADB-Ausschuß "Datenverarbeitung bei der Fertigungsplanung und -steuerung" Unterausschuß 4 "Automatische Arbeitsplanerstellung" 1970

19. Steinmetz, G. Ermittlung von Arbeitsvorgangsfolgen
Unveröffentlichte Untersuchung Werkzeugmaschinenlaboratorium TH Aachen 1969

20. Budde, W. — Arbeitsablauf- und Werkzeugermittlung für die Drehbearbeitung
Ein Beitrag zur Automatisierung der Fertigungsplanung
Dissertation TH Aachen 1970

21. Schleppegrell, J. — Ein System zur Investitionsplanung auf der Grundlage einer Werkstück- und Maschinenklassifizierung
Dissertation TH Aachen 1969

22. Opitz. H.
Simon, W.
Spur, G.
Stute, G. — NC-Maschinen-Datenverarbeitungsanlagen - Maschinelle Programmierung
Technischer Verlag G. Grossmann GmbH Stuttgart-Vaihingen 1968

23. Balogh, L. — Ein Beschreibungssystem für rotationssymmetrische Werkstücke unter besonderer Berücksichtigung des Rechnereinsatzes in Konstruktion und Fertigungsplanung
Dissertation TU Berlin 1969

24. N.N. — Werkstücksystematik und Teilefamilienfertigung
Herausgeber: Opitz, H.
Girardet-Verlag, Essen 1963, 1965, 1967

25. Hirsch, B. — Ein System zur Ermittlung von Zerspanungsvorgabearten insbesondere bei rechnergestützter Programmierung von numerisch gesteuerten Drehmaschinen
Dissertation TH Aachen 1969

26. N.N. — REFA-Handbuch, Bd. 1,2,4,5
Herausgeber: Verband für Arbeitsstudien - REFA - e.V., Darmstadt

27. Arnold, H. — WORK-FACTOR Information
Copyright 1968 by Verband für Arbeitsstudien - REFA - e.V., Darmstadt

28. Wallner, U.M. — Das MTM-System als Rationalisierungs- und Kalkulationsgrundlage
Blaue TR-Reihe Heft 55
Verlag Hallwag, Bern und Stuttgart 1966

29. Schlaich, K.
Arnold, H. — System vorbestimmter Zeiten mit vier Untersystemen verschiedener Komplexität (K/SvZ)
Schriftreihe "Arbeitswissenschaft und Praxis"
Beuth-Vertrieb GmbH, Berlin, Köln, Frankfurt 1967, 237 S.

30. Zentralstelle für Normung (Maschinenbau) — Zentrales Zeitnormativsystem
Vertrieb: Zentralinstitut für Fertigungstechnik, Karl-Marx-Stadt

31. Autorenkollektiv — Möglichkeiten und Anwendung der automatisierten Programmierung für NC-Maschinen
Herausgeber: Stute, G.
Carl Hanser Verlag, München 1969

32. Opitz, H.
Brankamp, K.
Olbrich, W.
Arbeitsablaufplanung mit Hilfe elektronischer Datenverarbeitungsanlagen
Forschungsbericht des Landes Nordrhein-Westfalen 1970

33. N.N.
Elektronische Datenverarbeitung bei der Produktionsplanung und -steuerung I
VDI-T 10, VDI-Verlag GmbH Düsseldorf 1969

34. Olbertz, H.A.
Das Konstruieren von Baugruppen mit Hilfe elektronischer Datenverarbeitungsanlagen. Gezeigt am Beispiel geometrisch gestufter Kupplungsgetriebe
Dissertation TH Aachen 1969

Forschungsberichte des Landes Nordrhein-Westfalen

Herausgegeben im Auftrage des Ministerpräsidenten Heinz Kühn
vom Minister für Wissenschaft und Forschung Johannes Rau

Sachgruppenverzeichnis

Acetylen · Schweißtechnik
Acetylene · Welding gracitice
Acétylène · Technique du soudage
Acetileno · Técnica de la soldadura
Ацетилен и техника сварки

Arbeitswissenschaft
Labor science
Science du travail
Trabajo científico
Вопросы трудового процесса

Bau · Steine · Erden
Constructure · Construction material · Soilresearch
Construction · Matériaux de construction · Recherche souterraine
La construcción · Materiales de construcción · Reconocimiento del suelo
Строительство и строительные материалы

Bergbau
Mining
Exploitation des mines
Minería
Горное дело

Biologie
Biology
Biologie
Biologia
Биология

Chemie
Chemistry
Chimie
Quimica
Химия

Druck · Farbe · Papier · Photographie
Printing · Color · Paper · Photography
Imprimerie · Couleur · Papier · Photographie
Artes gráficas · Color · Papel · Fotografía
Типография · Краски · Бумага · Фотография

Eisenverarbeitende Industrie
Metal working industry
Industrie du fer
Industria del hierro
Металлообработывающая промышленность

Elektrotechnik · Optik
Electrotechnology · Optics
Electrotechnique · Optique
Electrotécnica · Optica
Электротехника и оптика

Energiewirtschaft
Power economy
Energie
Energía
Энергетическое хозяйство

Fahrzeugbau · Gasmotoren
Vehicle construction · Engines
Construction de véhicules · Moteurs
Construcción de vehículos · Motores
Производство транспортных средств

Fertigung
Fabrication
Fabrication
Fabricación
Производство

Funktechnik · Astronomie
Radio engineering · Astronomy
Radiotechnique · Astronomie
Radiotécnica · Astronomía
Радиотехника и астрономия

GPSR Compliance

The European Union's (EU) General Product Safety Regulation (GPSR) is a set of rules that requires consumer products to be safe and our obligations to ensure this.

If you have any concerns about our products, you can contact us on ProductSafety@springernature.com

In case Publisher is established outside the EU, the EU authorized representative is:

Springer Nature Customer Service Center GmbH
Europaplatz 3
69115 Heidelberg, Germany

Batch number: 10809472

Printed by Printforce, the Netherlands